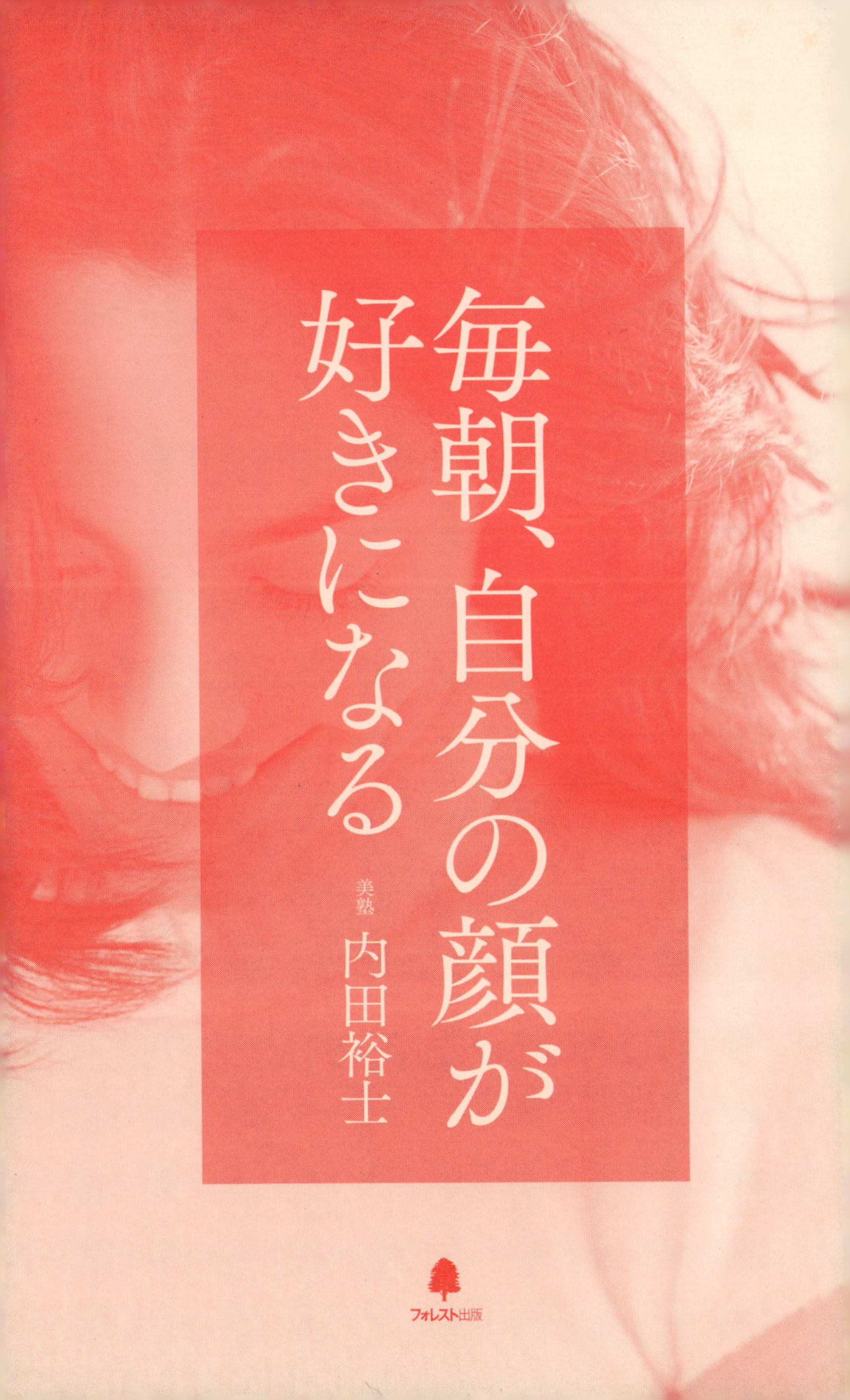

毎朝、自分の顔が好きになる

美塾
内田裕士

フォレスト出版

はじめに

突然ですが、自分の素顔に点数をつけるとしたら何点ですか？

点

／

（実際に点数と書いた日の日付を入れてみてください）

もし70点を下回ったのであれば、ぜひ、この本を読んでいただきたいです。

なぜなら、その**自己採点は間違いなく、誤った点数**だからです。

自分の素顔の評価が70点以下だなんて、健全な状態とは言えません。

その状態のまま人生を続けるのはもったいなくてもったいなくて、アルデンテでバッチリゆであがった最高のパスタをじ——っと、のびるまで食べずに見届けているくらいもったいないです。

好きな人と両想いだったことが発覚したのに、告白する勇気がなくて、だんだんと彼が他の女性に惹《ひ》かれていくのをただただ見過ごしているくらいもったいないです！

行列のできるパンケーキ屋さんに2時間並んで、次が自分たちの番っていうところまで並んで、サッと帰るくらいもったいないです。

ただ、ほとんどの方が70点よりも低い数字をつける現状を、僕は知っています。

そして、その点数は生涯変わらないと思っているのです。

そして自分よりも高い点数の女性を見て羨《うらや》ましいと思っているのです。

これも間違った考え方なのです。

・自分の素顔が好き

になることで自分に自信が持て、やがて、

・誰が見てもステキな女性
・生きがいがあって日々が充実している

この2つが手に入ります。これは女性の外見と内面の関係を表した、カンタンな未来方程式です。この3つが揃《そろ》った女性の人生はとんでもないです。とんでもなく美しいです。見ていてうっとりしますし、その人自身の心がとってもとっても満たされています。

朝起きて、「今日も自分だ」という理由だけで、ふと涙が出る人生。
洗面所の鏡の前に立ち、自分の顔を触れながら、愛《いと》おしさが溢《あふ》れてくる……。
別に大自然というわけでもない、よく歩く家の近くのいつもの景色をしみじみ美しいと感じられる……。

そんな人生を実際に生きている人がいます。

「今日も私だから幸せ」という人生があるんです。それもどんな顔の人にでもそんな人生が訪れるんです。もちろん、あなたにもです。

僕はすべての女性が自分の素顔を好きになれるし、誰が見てもステキな人になれると思っています。

そう言えるだけの理由も見つけましたし、そう言えるだけの実績ができました。僕は、銀座の百貨店の化粧品売り場に3年立たせていただき、そこから一般の女性を対象にした日常のナチュラルメイクを専門にお伝えする美塾という教室を11年運営してきました。これまでに、5518名の方がメイクを習いに来てくださいました。メイクの世界に入って、14年が経ちます。

僕は、僕の目の前で、自分の素顔が好きじゃなくて誰が見てもステキとは言えなかった（正確には本人がそう自分を評価していた）人が、数ヶ月で自分の素顔が好きになり、誰が見てもステキな人になっていくのを何千人も見てきたのです。

正直、女優さんやモデルさんみたいなお仕事をしている人じゃないのでしたら、そこまで来たらもう外見は十分なんじゃないかと思います。
なにも、別に、ビッシリ生えた15ミリのまつ毛にならなくていい。はっきりとした二重まぶたにならなくてもいい。色ムラのまったくない透明感のある白い肌にならなくてもいい。誰よりも小さな顔になんてならなくていい。Gカップにならなくていい。二の腕なんてどうでもいい。

そういうのは、もう目指さなくていいんです。

そんなことを目指さなくても、僕はすべての女性が自分の素顔が好きになれるし、誰が見てもステキな人になれると思っています。そしてすべての女性は幸せで生きがいのある人生を生きられます。そう言い切れるだけの理由もあります。そしてそういう人だらけの世界で生きていきたいんです。だからこの本も、その実現のために書いたのです。
この本を読んだ後、あなたは自分の持って生まれたコンプレックスと、加齢による身体の変化に悩んだり苦しんだり嘆くことがなくなり、さらにその未来には、自分を好きになり誰からもステキな人と思われて、生きがいのある幸せな人生が広がっていることでしょう。

そして特にこの3つの中でも「自分の素顔が好き」になることが、他の2つにも効力を発揮する大切な大切なキーになるのです。

しかも、

・誰が見てもステキな女性
・生きがいがあって日々が充実している

実はこの2つが揃っていても「自分の素顔が好き」が手に入っていないと、女性は本当の意味での幸せを得ることは難しいこともわかってきました。

本を読むだけで、自分の素顔が好きになんてなれるのか？　そう思うかもしれません。
他の誰でもない、あなた自身がこの本を読んで試してみませんか？

内田裕士

contents

Part 3 自分の顔を愛するように触っていますか？

Part 4

「魅力」とはこんなにも違うもの

Part 5

あなたの「魅力」を磨くヒント

Part 6
「魅力」に生きると人生がどんどん美しくなる

ブックデザイン　小口翔平＋喜來詩織（tobufune）
イラスト　スギザキメグミ
DTP　山口良二

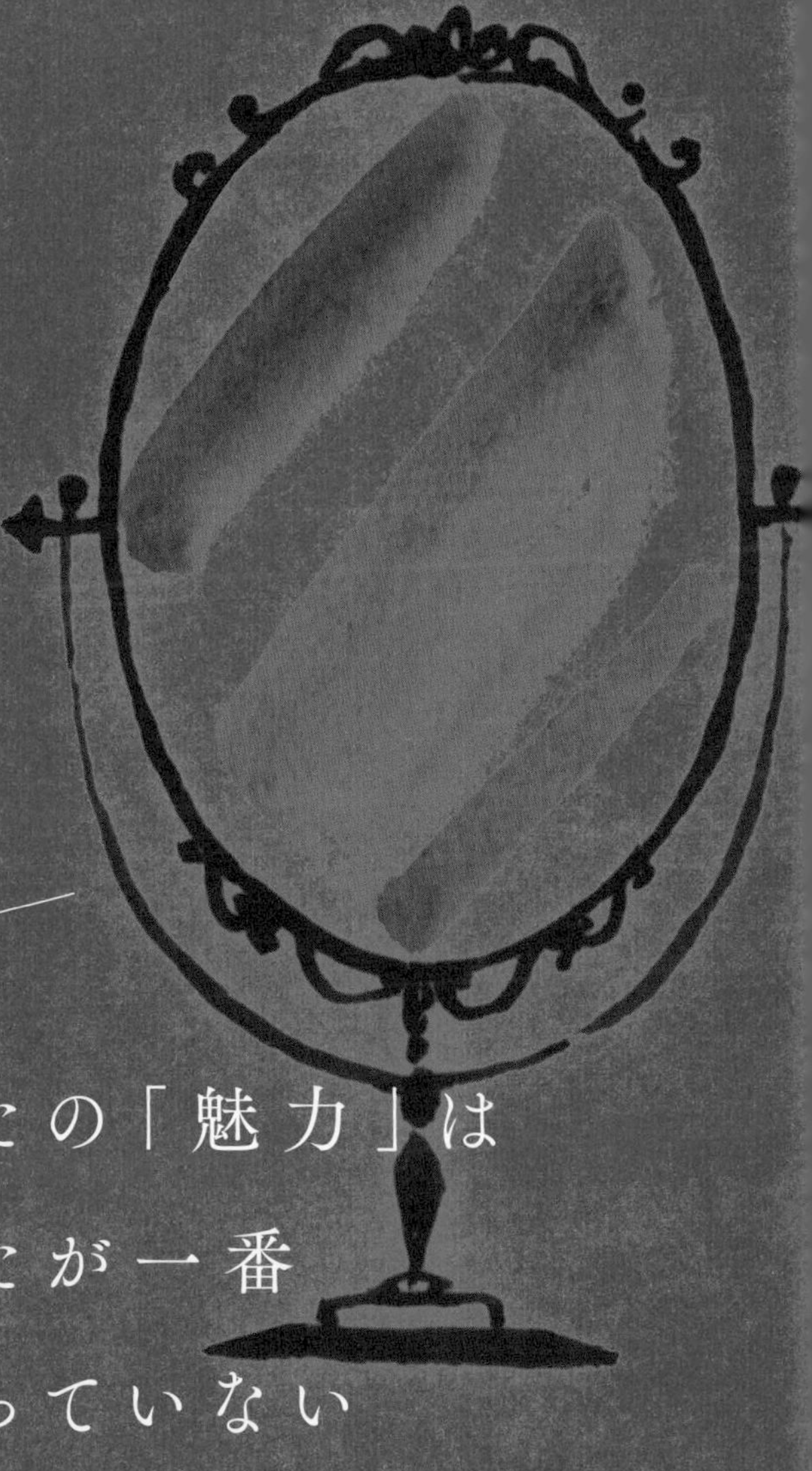

Part 1

あなたの「魅力」は
あなたが一番
わかっていない

01 3000人中2996人が間違っていた常識

初めに、3000人中2996人が間違っていたという話をしたいと思います。

唐突ですが、ペットボトルの炭酸水や炭酸飲料（コーラやスプライトなど）を飲んだとき、あなたはどうしますか？

一気に全部は飲めないですから、一旦《いったん》ふたを締めますよね？
そのキャップはなるべく炭酸が抜けないように、きつめに締めませんか？

「きゅっ！」って。

そしてまた飲もうとするときに、当然ふたを開けますよね。

開けると「ぷしゅっ！」ってなりますよね？

そのぷしゅっ！って音を聞いて

「きつく締めたから炭酸が抜けるのがこれくらいで済んだ」

ってなんとなく思っていませんでした？

あれ、実はですね、

ふたを締めないほうが炭酸は抜けないんです。

ビックリじゃないですか？

ご存じでしたか？

疑いもせず何十年も、何百本も、

ふたを「きゅっ！」って締め続けていませんでした？

昨年1年間、講演のたびにご来場のみなさんに質問したんですけど、今まで3000人くらいにお聞きしましたがご存じの方は4人でした。
つまり2996人は間違っていたんです。

誰と相談するわけでもなく、かといって1回でも

「あれ？　これってふたを締めなかったらどうなるんだろう？」

と試したこともなく、何年も何十年も、何百本も、それも僕たちだけでなく、全国で約

3000分の2996の確率くらいの人たちが、炭酸を飲むたびに、ふたを「きゅっ!」って締めていたんです。そしてより豊かな炭酸ライフを送るチャンスを逃していたんです。

なにを伝えたいのかと言うと

「絶対こういうもんだろう」

とイメージをして、ほとんどの人が思い込んでいること、信じていることや常識の中に、間違っているものもある。常識とは案外アテにならないということです。

さらにはその決め付けが、あなたを幸せや豊かにしているどころか、むしろあなたの幸せや豊かさに対して、足かせになっているかもしれないのです。

美容やメイクは、特にその「絶対こういうもんだろう」と思って、ほとんどの人が疑いもせずやっているんだけど、実はそれが足かせになっている……ということのオンパレードです。

僕はその思い込みの足かせを1人でも多くの女性に外してもらい、幸せに豊かに生きてもらいたい。

僕の目の前で、数え切れないほどの女性が実際にその幸せや豊かさを手にしています。そんな彼女たちを見れば見るほど強く深くそう思うのです。

ナゾはもう解けているのです。意外とスタンダードが間違っていることがあるのです。スタンダードを堂々と疑いましょう。

これから先、思い込みで間違っている常識には「シュワシュワしていますよ！」って言うことにしますのでよろしくお願いします。

シュワシュワ。

Point
スタンダードを疑おう

02 「できた！」はある朝訪れる

これからいろいろな新しい考え方や技術をお伝えしていきますが、その前に、こちらをお伝えさせていただきます。
私たちの人生をより豊かにしてくれる新しい考え方や技術には、

- **すぐにできること**
- **すぐにはできないこと**

があります。

たとえば、先ほどお伝えをした炭酸飲料のふた。こちらは、「すぐにできること」だと思います。ですからこの本を読んだ後、すぐに取り組むことができ、しかもすぐにその恩恵を受け取ることができます。よりシュワシュワできちゃいます。

一方で、すぐにできないこともありませんか？

たとえば補助輪なしの自転車。自転車って誰かに教えてもらって、その教えの通りにやったらすぐに乗れるようになったって経験のある方いらっしゃいます？　多分いらっしゃらないですよね？

ほとんど全員が誰かから教わりながらも、何回も何回もチャレンジして、あるとき「あ！」っと感覚をつかみ、乗れるようになったんですよね。自転車に限らず、

子どもの頃って、すぐにできないものほど「うわ！　できない♪」って思って夢中になって取り組みませんでした？

自転車、なわとび、鉄棒、竹馬、壁あて、ローラースケート、ゴムとび……。

大人になってから、すぐにできなかったけど、それでも続けたからできるようになったことっていくつありますか？

もしかしたら大人になってからというもの、ほとんどのことをすぐできなかったら【難しいフォルダ】に入れて、もう取り組まないようにしていませんか？

ぜひとも、大人になった今こそ、すぐにできないものほど夢中になって取り組んで、ものにしていただきたいと思います。

本当に大切なつかみは、この本を読んでいるときに訪れるのではありません。

自転車やなわとびや鉄棒のように、ある朝お顔を触っているときや鏡で自分のお顔を眺めているときにワッと訪れるのです。

Point

「うわ！　できない♪」を喜んでやり続けよう！

03
10点満点中、3・98点

3・98

こちらは、ある短大で実際に僕が取らせていただいたアンケートの結果です。

「自分の外見の自己評価は10点満点中何点ですか？」

という問いに対する答えの平均です。

8人／80人

こちらは、ある女子中学の2年生に対して、実際に僕が取らせていただいたアンケートの結果です。

「自分の外見に関してどう思っていますか？」

という問いに対する答えに、80人の内、実に8人が「整形をしたい」と回答しました。

どうしてまだ18年しか生きていない女の子の、自己評価の平均点が4点を切ってしまうのでしょうか？

どうしてまだ14年しか生きていない女の子の、実に10％もの子たちがそんなにも自己否定をするようになってしまったのでしょうか？　これはとても悲しいことではないでしょうか？

でもあなたは思うはずです。

「その子たちの気持ち、わかる」

って。

そう、ほとんどの女性にはこの子たちの気持ちがわかる要素があると思います。
仮に「自分の顔が好き！」という方も、こういう気持ちの子たちが数多くいることにあまり疑問を感じないのではないでしょうか？　あるいはあなたも、自分の顔がキライか、トータルではキライではないけど、部分的にイヤなところがあったりしませんか？

なぜか、

「ほとんどの女性は自分の素顔は好きではない」

という常識があるような気がしませんか？

事実、多くの女性が自分の素顔は好きではないと言います。また自分の素顔が好きという方も、自分が本来持つ魅力をそのまま受け入れている方は非常に少ないのです。
これこそまさしく、女性全員（特に日本人女性）で「絶対こういうもんだろう」と決め付けている中で、最も女性の幸せを奪っている誤った思い込みなのです。シュワシュワしちゃっているわけです。

ではどうしてそんな、ほとんどの人が幸せになれない思い込みが生まれたのでしょう？
その元凶がわかりました。それは……

メイクなんです。

メイクが犯人なんです。

メイクの定義に問題があるんです。
メイクとはなにをするものだと思っていますか？

「欠点や改善すべき点を隠したり変えたりしてくれるもの」

だと思っていませんか？

女性はメイクをしたい！とか、しようかな？と思い始めたときから、自分の顔の欠点や改善すべき点に興味が湧くのではないでしょうか？

そしてメイクというものは女性にとって、毎朝、自分の顔の欠点や改善すべき点（もっと言えばあなたが勝手にそう思っているあなたの特徴）を隠したり変えたりする朝の習慣になっていくのです。

毎朝、自分の隠したり変えたいと思っている特徴に目を向け、実際に隠したり変えたりする朝の習慣。

そんな朝の習慣を持つ人が、

自分のことを好きになれそうですか？

あるいは自分に自信が持てそうですか？　難しそうですよね？

これは僕の心理学の師、衛藤信之先生から教えていただいたのですが、

「人は欠けているものに興味を持つ」

という特性があるようで、たとえばキレイな円と一部欠けている円があったら、一部欠けている円に目がいきませんか？

そんなふうに人間のもともとの特性上においても陥りやすい感覚なのです。

ではどうしたらいいのでしょうか？

「メイクの定義を変えればいい」ということなのです。

メイクは

欠点を隠し理想の姿に変えるもの

ではありません。

メイクは

特徴を活かし魅力として磨くもの

なのです。

毎朝、自分の魅力に目を向け、それを活かし磨きをかけるような朝の習慣がある人はこれから1年後、5年後、どうなっていきそうですか？

先ほどの、欠点にフォーカスをする習慣がある方と比べてみると、想像するだけでいい未来が訪れそうですよね。私たちは最初のボタンの掛け違いに気付くべきだったのです。

04 いつの間にか欠点を見る達人になっていた

Point
メイクは特徴を活かし魅力として磨くもの。定義そのものを変えることから始めてみよう

「特徴を活かし魅力として磨くようにメイクをしよう！」

といつもお伝えをしていますが、そう言われると

「でもうっちー！　そんなふうに言うのはカンタンだけど、実際には女性はそんなふうにいかないものですよ。私だって、自分の魅力なんてなかなか見れないですし。先生のおっしゃることは所詮キレイゴトじゃないですか？」

とご指摘くださる方もいらっしゃいます。

ではそのように考える方は、つい鏡でなにを見てしまうのでしょう?

それは、

「目が腫《は》れぼったい、眉が左右非対称、まつ毛が短い」

といったコンプレックスか、

「顔がくすんでいる、シミが気になる、しわが気になる」

といった加齢による変化、

なのではないでしょうか?

いずれにしても、お顔を見るとつい、欠点（だとあなたが捉えた箇所や特徴）に目がいってしまうのです。

急な質問ですが、あなたの好きな食べ物なんですか？　たとえば好きな食べ物のお店って、どこでもすぐに見つけられませんか？

僕はラーメンが大好きなので、ラーメンのお店ってすぐ見つけられるし、どの街にも大体1軒はお気に入りのラーメン屋さんってあるんですよ。初めて訪れた街でも検索して、その情報や、店構えからなんとなくここ美味しそうだなって思ったらそんなに外しません。

ですが、もし誰かに

「今から美味しいケーキ屋さんを探してください」

って言われたら戸惑いますね。

そもそもケーキ屋さんを探したことがありません。ネットで検索しても、その店が美味しいかどうか、どのようにつきとめていいかわかりません。

見つけたお店も、店内で食べられるお店なのか、お持ち帰りだけなのか、どんなふうに見て判断すればいいかがわかりません。そもそも「お持ち帰り」という言葉がケーキ業界でも一般的なのかもわかりません。

僕はこれまでの人生でラーメン屋さんを探すことにかけてはたくさん経験をしたので、スゴく上手くなっただけで、ケーキ屋さんを探すことは今でも初心者です。

あなたにとっても、探すのが得意なほど好きな食べ物と、探すのに戸惑ってしまうほどそんなに興味がない食べ物がありますよね？

では、僕はこれからもケーキ屋さんを探すことはできないのでしょうか？　もう手遅れなのでしょうか？　どうしたら僕はケーキ屋さんを探すことができるようになると思いますか？

それは、ケーキに興味を持って、調べる回数を増やすことから始まりますよね。

1年で100回中100回ラーメンのことを調べていたのを、100回中30回でもケーキのことを調べたら、最初は苦手でお店選びに苦戦したとしても、何度かミスをして美味しくないお店を選んでしまいながらも、1年後、3年後、10年後……、少しずつ変わっていきそうですよね。

僕にとって、ラーメン屋さんが欠点、ケーキ屋さんが魅力だとしたらいかがでしょう？

僕は教室でこうお伝えをしています。

「あなたはいつからか欠点に興味を持ち、そういう見方を始めて、その見方がかなり上手くなった状態です。**あなたはたくさんの修業を積み、自分の欠点を見る達人になったの**です」

ショックじゃないですか⁉

あなたは年月をかけてたくさん練習と本番を積み重ね、晴れて「欠点を見る達人」となったのです。

さらにもう少し、具体的な例をあげて言うと、欠点の筆頭の1つとしてよくあげられるのがシミです。

僕はシミを気にしている方にこうお伝えします。

「シミのことばかり気にしているんですよね。シミのことばかり見てきたんですよね。そのシミさえなければいいと思っているのですよね。

というこはつまり、シミの隣のキレイなお肌には無関心なんですよね。可哀想ですね。シミが目立つということは、その周りのお肌がキレイだからですよね。その隣のクリアな肌にも同じように関心を持ってください」

いかがですか？　シミが気になるということは、シミの周りに、シミよりも遥かに広い面積のクリアなお肌があるということではないでしょうか？　そこには目がいかないのです。

後の項でも改めてお伝えしますが、これはあくまで言葉の言い回しで、シミの隣のお肌がキレイで、シミ自体はやはりキレイではないということではありませんし、それを伝えたいのでもありません。

ただこの言葉で、今まで見えてこなかったものが初めて見えたという方も、たくさんいらっしゃいます。

こういう方もいらっしゃいました。ある日、メイクセミナー中に1人のゲストにモデルになっていただき、ステージでメイクのデモンストレーションを行うことになりました。モデルになっていただく方にステージに上がっていただき、僕は会場のみなさまにこう質問をしました。

「この方の魅力ってどんな魅力ですか？」

すると会場から

「カッコいい！」「キリッとした魅力！」「目ヂカラ！」「クールビューティー！」

という声があがりました。

「オッケーです！　では、僕が今から彼女の、カッコよくてキリッとしたクールビューティーなところを、この目を主役にしてメイクでもっと引き立てますね‼」

と僕がこれからするメイクの方向性をお伝えすると、会場中が期待で一段と盛り上がります。

僕は続けます。

「今、みなさん、モデルさんの魅力が今よりもっとアップする、モデルさんが今よりもっと美しくなることが容易に想像できませんでした？　上手くいきそうな気しかしませんよね？」

会場は

「え？　もちろん！　そりゃそうよねぇ。当たり前じゃんねぇ」

というような戸惑った空気になります。
そこに僕はこう切り返します。

「このままメイクといきたいところですが、ここでちょっとモデルさんにお顔の悩みを聞いてみたいと思います。あなたのお顔のお悩みを教えていただけないでしょうか？　日頃どんなことを気にしてメイクをなさっているのですか？」

とお聞きするとモデルさんは、

「私はこの**頬にある影みたいなものがとても気になっているん**です。これのせいで顔が怖く見えたり、疲れて見えるんじゃないかと思って、少しでもそれが目立たなくなればと思ってメイクで明るく見えるようにメイクをしています」

と答えました。かなり深刻な悩みなようで彼女の表情も曇り、さっきまでの明るい空気が一瞬にして不安に包まれたように感じられました。

ここで改めて僕は会場にこう投げかけました。

「ね？　なんのこと言ってるのか、訳わかんないですよね？」

この僕の答えに、一瞬の沈黙の後、会場中が安心したかのような爆笑に包まれました。
そう、たしかに彼女の言っていることは訳がわからなく、頬の影というのも、どれのことを言っているのかわからないのです。ただ、彼女の悩みがとても深刻に感じたから、みんなも深刻な雰囲気になっただけなのです。

僕は続けます。

「彼女が言っているお顔の悩みはまったく訳がわかりませんよね。頬に影みたいなものってどれのこと言っているかわからないですし、そもそもクールビューティーな彼女をメイクで明るくするのは要注意なのです。彼女の魅力からしたら逆効果なんです。現に今のメイクの最も改善すべき点は、この不必要に明るいファンデーションです」

「これまでの多くの美容家さんは、この彼女のお悩みに最善を尽くしました。もしここが百貨店のお化粧品売り場で、彼女が同じように悩みを打ち明けたとして、そのときに僕が

『なんのこと言っているのか、訳わかんないです』

と言ったら、百貨店全体を巻き込む大クレームへと発展しかねません。

ですから美容部員の方たちは彼女と同じ目線で、同じく深刻なような顔をして、ゆっくりとしたテンポで深く、深く頷《うなず》き、

『はい、はい、はい。そうなのですね。お気持ち伝わりました。もう大丈夫ですよ。お客さまのお悩みである頬の影のようにお感じの部分が改善し、今よりもっと全体が明るくなるよう、全力でサポートさせていただきますね』

と答えてきたのです。もちろんそれも素晴らしい愛だと思うんです。

でもね、改めてみなさまに対してお聞きしたいのですが、僕が彼女に対して、その頬の影が気にならなくなり、今より明るくなるようなメイクをしていくのと、それとも、先ほどお伝えしたように、彼女が本来持つクールビューティーな魅力をさらに引き立てるために影を足していくようなメイクをしていくのと、一体どちらが、彼女をもっと美しくして

いきそうでしょうか？」

（もちろん百貨店での接客すべてがそうとは思いません。あくまでも比較の事例として取り上げさせていただきました。ただし1対1の美容相談はそういった客観的な魅力を本人がなかなか捉えられないところが一番の課題で、百貨店の接客の大半が1対1でのやりとりなので、このようなズレが起こりやすいのだと思います）

この質問で会場のみなさまもモデルさんも、僕の伝えたかったことを理解してくださったようで、また空気が変わりました。

彼女はこの後メイクによって、一段とカッコいいクールビューティーな女性へと変貌《へんぼう》を遂げ、会場からは割れんばかりの歓声があがりました。

もし、あなたがステージに上がったとして、隣で僕が

「この方の魅力ってどんな魅力ですか？」

と聞いたら、会場のみなさまからなんて言ってもらえそうか、あなたは想像できますか？

そして、その言ってもらえる言葉のように、さらにその魅力が引き立つように、日々メイクをしているでしょうか？

他にもこんな方がいらっしゃいました。目の下のクマをとても気にされている方でした。20人くらいでメイクレッスンをして、当然その方にも同じようにメイクをご指導したところ、あまりクマが改善していないと感じたようで、レッスン終了後に僕のところへ質問をしにきました。

「あのぅ、このクマが気になるんですけど……」

僕はこう答えました。

「あぁ、それは**クマではなくて日陰**ですよ」

彼女は口をあんぐり開けてしばし放心状態。そんな彼女の顔を指差しながら、こう続けました。

「ここに涙袋がありますよね。これが結構ふくらんでいますよね。ふくらんでいるってことはその下は陰になりますよね。光は基本的に上から来ているわけですから。たとえば木陰って言うじゃないですか。木の下には当然、陰がありますよね？　ですからそこは多少暗くなってもらわないと物理的におかしくなります。木の下には陰がなきゃおかしいですもんね」

彼女の悩みはこのとき、一瞬にして解決したそうです。今では自分がいかにバカバカしく、取るに足らないことにたくさんの時間と労力を費やし、そして悩み続けていたのか、笑い飛ばしながら語ってくれます。こういった例は数えきれないほどあります。

こういう方もいらっしゃいました。メイクセミナーが終わって懇親会をしているときに、笑顔をこわばらせながらこう質問をしてきました。

「先生のお話、とっても感銘を受けました。欠点を気にするのを止めるということで、本当にそうだなぁって思えたんです。

それでですね、私は毎日のように母親から『そのほうれい線をどうにかしなさい』と言われるのですが、それも気にしないでいい、ということなのでしょうか……?」

僕はこう答えました。

「自分の次に、自分の魅力がわかっていないのが親子なんですね。ですのでそんなとんちんかんなこと言ってくるんです」

(正確には、潜在的には魅力もわかっているんだけど、親心ゆえに心配しすぎて上手に表現できず、改善案だけを言ってきてしまうんです)

彼女は鳩が豆鉄砲を喰《く》らったような顔をして「ほろっ⁉　とんちんかん？」と言いました。

僕は続けます。

「そんなのまったく気にならないです。ほうれい線なんて気にするの、もう止めたほうがいいです。お母さんはあなたのことが好きすぎて、幸せになってほしすぎて、心配で心配で、なにか役に立ちたくて、そんなとんちんかんなことを言い出すんです。なにを言われてもその言葉の源泉になっている愛だけを『愛してくれてるんだなぁ。ありがたいなぁ』と受け止めて、アドバイスは完全に無視してください。お母さんってあなたがもっとキレイになるという観点に関してはド素人ですから。ほうれい線なんて人類全員ありますから。

そんなことより、あなたのその透明感のある穏やかな魅力に興味を持ちましょう。透明感のある方ほどほうれい線に悩まれている方は多いですよ」

彼女は僕との会話でふっと気持ちが軽くなったようで、にこやかなお顔で会場を後にしていきました。

よほどスタイリストであるとか、イメージコンサルタントであるとか、読者モデルであるとか、もちろん一般の方でも、とても美意識の高いお母様でしたら話は別かもしれませんが、ほとんどのお母様は、あなたの美に関してド素人です。しかもあなたの次に盲目的。そのくせ、あなたに対して最も影響力のある発言者の1人なのです。

逆もしかりで、あなたはお母様や娘さんにとってあなたが思っている以上に影響力のある発言者です。ですから近い人への助言ほど気をつけてくださいね。軽はずみな一言が大切な人の輝きを奪っているかもしれないのです。

だからと言って、ただアドバイスがダメで、褒めればいいとは限りません。1つ言えることは、「近い人ほど誠心誠意、本気で伝える。なんて言ったか覚えておく」ことなんだと思います。

「お母さん！　その髪型カリフラワーなんだけど！」とか「あんたはお父さんに似ちゃってガリガリ君みたいな顔よね〜」など、軽々しく否定的な発言が最もよくないことだと思います。

正しいアドバイスより、相手が幸せになる声かけを心がけましょう。特にあなたが感じる相手の魅力を、ぜひ積極的に伝えてあげてください。

これらはほんの一例で、他にも語り尽くせないほどこういった問答を毎日毎日繰り返しております。そしてこのようなヒントをたくさん投げかけることで、彼女たちはやっと少しずつご自身の持つ魅力にアクセスできるようになっていきます。

ただ彼女たちは僕との会話によって、思いがけないヒントを得ていますから、魅力へのアクセスは早まっていきますが、自分1人で魅力を見ることは、最初なかなかできないことのほうが多いです。見ようとしても、欠点フォーカスは手ごわいです。なんせ年季が入ってますから。シュワシュワです。

ですから意識的に、

魅力は「わざわざ」見に行く

ところから始めてほしいのです。

なんなら鏡の端に油性ペンで書いてほしいくらいです。

「魅力はわざわざ見に行くもの」って。

そしてそれを意識的に続け、いつしか、「欠点を見る力量」を「魅力を見る力量」が上回る日が来たとき、鏡を見るときについ魅力に目が行ってしまうあなたになっているのです。魅力は見えてくるものではないのです。魅力はわざわざ見に行くものなのです。

Point

魅力はわざわざ見に行くもの

05 魅力とはチャームポイントではない

「つまり、気になることや欠点に目を向けることは止めて、そこは放っておいて、いいところに目を向けようということなのですね」

という質問をいただくことがあります。

前項ではそのようなことをお伝えしましたよね。

実は、正確にはそうではありません。箇所ごと、パーツごとの話ではないのです。

こんな生徒様がいらっしゃいました。その方はシミを気にしていらっしゃいました。美塾のメイク教室では1回目の授業でベースメイクをレッスンするのですが、そこではシミをカバーしません。そもそもシミに焦点を当てた話自体がありません。ですのでベースメイクが仕上がっても、当然シミはそのままです。

授業が終わった後、生徒様が質問をしてきました。

「私、このシミが気になるんですけど、カバーしてもいいですか？」

僕はこう答えました。

「気になるかもしれませんが、通っているうちはこれでやってみてください。卒業して、それでもカバーしたかったらいくらでもカバーしていいですよ」

後で聞いた話ですが、彼女は最初どうしても受け入れられず、美塾にいらっしゃる日以外は、カバーをしていたそうです。

ですが同期のみなさまとの絆《きずな》も深まり、回を重ねるごとに授業の内容に対しても理解が深まり、さらにはカバーをしないメイクのほうが明らかに評判がよいこともあって、カバーをしない自分を受け入れられるようになり、いつしかカバーをしないメイクのほうが当たり前になっていきました。

そんな彼女が中級の3回目（ちゃっかり進級しています）で教室に来るなり、興奮しながら僕に駆け寄ってきてこう言ったのです。

「うっちー！　聞いてください！　私こないだファンデーションがなくなったので、お店に買いに行ったんです。そうしたら美容部員さんに『お色の確認しましょうか？』と言われたので、席に座ってつけてもらったんですね。そしたらその美容部員さんが、真っ先に私のシミをカバーするようにファンデを塗り始めたんです。そのとき私、とっさに『止めて！　私を隠さないで！』って思ったんです。それでそんな自分にハッとしたんです。あんなにカバーしたかったシミをカバーされたときに『イヤ！』って思ったんですよ！　私、変わったんですね……」

僕は彼女の言葉を聞き、彼女の表情を見て、感動で鳥肌が立ちました。こんなふうに女性が自らの価値観を変えていけるんだということを確信した瞬間でもありました。

ありのままのすべてを魅力として捉えることができたとき、とんでもなく美しく、喜びに溢れた人生が広がっているのだと感じました。

別のクラスにこういう方もいらっしゃいました。同じくシミを気にされていた方のお話です。

「先生、おっしゃりたいことはわかるんですが、どうしてもシミが気になるんです」

講師がこう質問をしました。

「そのシミはあなたの人生でできたもの、あなたの人生の軌跡ですよね。どうしてそのシミができたのでしょうね」

その質問にハッとしたようにその生徒様が答えました。

「そうでした。このシミは息子の野球の応援でできたんだと思います。あの頃は来る日も来る日も息子の野球の応援に明け暮れ、週末は必ず夏の炎天下の中でも、外にずっといて息子の応援やお手伝いをしていました。

このシミを否定することは、息子との日々を否定することになりますね。そんなの息子に悪いし、なによりあのとき、息子を応援することを選んだ自分に申し訳がないですね。

このシミは、私の人生にとって欠かすことのできないものなんだとわかりました。ありがとうございます」

いつか、自分のありのままのすべてを魅力と捉えられる日が来ます。

そう思えた人の人生は、いつまでも豊かなようです。

Point

魅力も欠点も同じ

06
あなたの毛穴距離は何センチ？

ところで、自分の毛穴って気になりますか？

毛穴はシミと同じく、欠点の筆頭の1つとしてよくあげられます。あなたにとっても、自分の素顔が好きになれない理由の1つかもしれません。

そこで質問ですが、あなたの毛穴は、どのくらい近づけば見えるかご存じですか？だいたい80~120㎝です。つまりかなり近づかないと見えないのです。120㎝というと人間関係ができた人でないと近づけないくらい近いです。試しにお友達の120㎝以内に入ってみてください。お友達でもドキドキします。

初対面でいきなり120㎝に近づくことはできません。いきなり地面から生えてくるわけにはいきませんから、当たり前ですが120㎝に近づくためには10m、5m、3m、と段階を踏んでやっと120㎝までたどり着けるのです。

そして、120㎝まで近づく頃には（もっと前の段階で）あなたの外見に対する評価は終わっています。

ちなみに毛穴は凹凸なので、凹凸をファンデーションやコンシーラーでカバーしようと思うと、かなりの量を塗らないとカバーできません。そして必然的に厚塗りになります。

ちなみに厚塗りメイクは10ｍ離れてもわかります。

「お！　めっちゃ濃いメイクの人いるな〜」

となります。

120㎝以内で得しようとして10ｍ圏内で損をしてしまっているのです。

相手の評価は10ｍくらいから（あるいはもっと遠くから）始まり、120㎝に来る前に終わっているわけですから、最も好印象を持たれたい距離感で損をすることになってしまいます。厚塗りメイクが好きな人はいません。**厚塗りメイクの人にはやけに気を使います。**

毛穴を気にするの、もう止めませんか？

意味がないです。そんなことが人の美しさではないのです。
あなたが素敵だなーと思う、身近な人を思い浮かべてみてください。
その方の毛穴って思い出せますか？　その方が毛穴が目立たずとってもキレイだって言える確証ありますか？　そして、だから素敵だと思うのですか？　その方を素敵だと思う理由って他にありませんか？

「私、人の毛穴も見ますし、気になりますよ」

という方もいらっしゃるかと思います。そう思う方は、

生き方変えませんか？

人と自分の毛穴を気にして生きてても幸せになれませんよ。

もっと言わせてもらうと、

毛穴のこと、ロクに知りもしないで欠点扱いするの、止めてもらえませんか？

僕は「毛穴さん」って呼んでいますし、とても尊敬していますし、感謝してもしきれません。毛穴さんは自分のこと語ったりするタイプじゃないんで、自分が語らせていただきますが、毛穴さんのことナメてもらっちゃ困ります。

毛穴さんがなにしているか、知ってますか？

毛穴さんは、たくさんのお仕事を24時間365日、一切休むことなく、あなたの指示を仰ぐことなく、ミスをすることもなく、ず――っと働いてくれています。

あなたのために。

「立毛筋《りつもうきん》」という筋肉があり、寒くなると立毛筋が毛穴を引き締めて、身体全体の産毛を立て、体温を維持します。

私たちが恒温動物として、これだけ寒暖差のある日本でほとんど毛がないまま生きていけるのは毛穴さんのおかげなんです。さらには暖かくなると立毛筋を緩《ゆる》めて、汗をかきます。汗には老廃物が含まれています。つまり排泄《はいせつ》作用もあるということになります。

そして汗は、別の通り道である皮脂腺から出てくる皮脂とお肌の表面で外気に触れることで、界面活性剤なしで乳化します。そこでできた天然の乳液はあなたにとって理想的な美容クリームなのです。

・体温調整
・デトックス
・お肌の保護

という私たちにとって大切な大切な役割を担ってくれているんです。

24時間365日ですよ！

これに感謝をせずになにをするって言うんですか。

あなたも一度、「毛穴をやって」みてください。24時間365日一瞬も休むことなく、来る日も来る日も、ご主人様のために、開いたり閉じたり、開いたり閉じたりしているんです。

そんな中、ご主人様がパッと自分のことを鏡で見てくれたんです。

「あ！　ご主人様！　こんにちは！」

と挨拶しようと思ったら、ご主人様はあなたのことを一瞥《いちべつ》して「はぁ……」とため息をついて、**「毛穴開いてるんだけどぉ～、マジムリ……」**と言うのです。

相当辛いですよね！　相当切ないですよね！

僕はそんなふうに、僕たちのためにずっとずっと働き続けてくれている毛穴さんがほとんどの女性に疎《うと》ましく思われていることが納得できませんし、その女性の意識を改革しようとせず、「気になりますよね～」と同調したまま、進化させようとしている美容業界全体の風潮も全然納得がいきません。

毛穴は僕たちにとって、欠かせない存在です。
だからもう「毛穴マジムリ！」だなんて言わずに

「毛穴さん！　今までごめんね！　いつもありがとうね！　大好き！」

って言ってあげてください。

毛穴さんは、言葉には出しませんが、きっと、とってもとっても喜ぶと思います。
やっと認めてもらえたって。

Point

毛穴は友達であり、大先輩であり、恩人

07 バーチャルとリアルのギャップを埋める

メイクで顔の欠点や改善すべき点を隠したり、変えたりすることが女性の本当の願いだと思われていますが、僕は違うと思います。

そういった考えが当たり前になっている背景には、現代のメイクが発達した場所が、映画やテレビや雑誌といったバーチャルな世界を創りだすところだったことの影響が大きいと思います。

時に30代の女優さんが老婆にならなくてはいけないときもありますし、健康的な男性が病弱な顔にならなくてはいけないこともあります。勝ち気でエネルギッシュな女性が気弱な女性を演じることもありますし、カッコいい女性が可愛い女性を演じることもあります。

そういった中でメイクという技術が培われてきましたので、当然、変える、隠す、見せかける、という前提がほとんどの場合にありました。

ですから先ほど「メイクが悪い」と書かせていただきましたが、メイクにも罪はないんです。よりよい映画を創るために、モデルさんや女優さんを輝かせるために、メイクも純粋に進化してきたのです。

1つ見直すべき点があるとするなら、映画やテレビや雑誌といった、ある種バーチャルな世界で生み出される美と、日々の生活の中で生まれる現実的な美との差をきちんと分けて、改めて提供し直した専門家が少なかった点だと思います。

映画やテレビは照明もあれば、カメラで撮りますし、なにより途中で「カット！」が入り、メイク直しもできるのです。

雑誌の撮影においては1つのアングルで美を極めますので、場合によっては後ろの頭にダッカールがつけっぱなしだったり、洋服にも後ろをクリップで留めっぱなしなんてこともあるのです。

さらに現在ではパソコンの画像処理技術も飛躍的に進化し、この世にいない女性を創り上げることも可能です。

化粧品広告のような肌になりたかったら、もはやコンシーラーやファンデーションでは不可能です。フォトショップ（画像処理などをするソフト）が必要になってきます。

そういう意味で、僕は専門学校を卒業してから13年間、一般女性の日常のメイクだけを専門に、ＯＬや主婦の方を中心に、美意識の高い銀座の女性から、地方のメイクをしたことがないご婦人、中学生から大学生、経営者やおばあちゃんなど、非常に幅広い方々と向き合ってきました。

おそらくこの10年では、日本一幅広い分野の女性にメイクをお伝えした人間なのではないでしょうか？　それこそ芸能人や著名人以外は一通り関わってきました。

最初はそのキャリアがコンプレックスでした。

僕の学生時代の友人たちは、映画やテレビや雑誌、コレクションなどでバリバリ活躍しています。正直「いいなぁ」と思うこともありました。

ですが13年間一般女性の日常のメイクをやり続けたおかげで、自分に確固たる確信をもたらす、その分野では誰にも負けないキャリアになっていきましたし、だからこそこの独自のメイク観が養われ、独自のメソッドが生まれたと言えます。

撮影用のメイクと一般女性のメイクは、まったく違うのです。

ですから、自分はこれでよかったんだ、これじゃなきゃダメだったんだ、と思えるようになってきました。

僕はこれからも一生、一般の女性の日常のメイクの専門家として精進し続けます。

Point

人生にカットもフラッシュもフォトショップもない

Part 2

あなたが目を
背けてきたものの中に
「魅力」がある

08 あなたがその魅力で生まれたワケ

15年、女性と向き合い続けて、魅力を理解することは、「宿命」を理解することにも繋がっていると思えるようになってきました。

それは、僕がメイク講師でありながら、哲学博士と心理カウンセラーの師匠を持ったからだと思います。なので、持って生まれた顔とその人固有の生まれてきた意味の因果関係などの探究が、多くの女性の人生と触れる中で深まってきたのでした。

哲学博士の師匠は、天命を探究している一般社団法人志教育プロジェクト理事長の出口光先生で、数え切れないことを教えていただきました。

中でも今回、特にお伝えしたいのは、

「嘆きの中に天命がある」

「なにがやりたいのかではなく、なにをすべきか」

「無限の可能性があるのではない。その人固有の可能性がある」

これらの言葉です。

これらは、外見の魅力に本人が気付くための投げかけとして、そのまま大きなヒントになりました。

それも机上の空論ではなく、師匠が数多くの人たちと、その人たちの実際に起こった人生の出来事などをシェアし合いながら導き出してきた理論（時に僕もその場にいました）なので、すべてに合点がいきますし、なにより自分自身の人生において「本当にそうだ」と思えることばかりなのです。

そしてこういった教えを、メイクや女性の魅力という分野に置き換えてみると、ますます自分の専門分野に深みが出てきて、現代の矛盾が消え去り、とても現実的でシンプルでかつ結果の出るものになっていくのです。

それらを融合してまとまってきたものを一言で言うと、

「あなたはその顔で生まれてこなければ成しえない、ある使命を果たすために生まれてきた」

ということなのです。そうとしか思えない人々の出来事や変化を見てきました。
ですからイヤがったり嘆いている場合ではないのです。1日でも早く気付き、それを受け入れ、さらには実行に移す。あるいは自覚することが大切なのです。

これはメイク教室で最もよく繰り広げられる会話なのですが、比較的目尻《めじり》の上がったいわゆる「つり目」の方は、それがイヤで、アイラインで目尻が下がったように見せたいとおっしゃいます。

一方、比較的目尻の下がった、いわゆる「たれ目」の方はそれがイヤで、アイラインで目尻が上がったように見せたいとおっしゃいます。

あなたもこの2つかどうかはわかりませんが、他の部位であればなにかしら思い当たる、似たような要望がありませんか？

・つり目はたれ目になりたい
・たれ目はつり目になりたい

ぜひ一度、それぞれの代表2人で「つり目とたれ目と、一体どちらがいいのか？」を別室で話しあってきてほしいです。おそらく1時間ほどの討論の後、2人肩を組んで部屋から出てきて、

「どちらもそれぞれに素晴らしいことに気付けました！」

となると思います。

僕の教室でこんな例があります。

生徒様でキリッとした神秘的な女性がいました。彼女は当時主婦でした。そんなによくしゃべるタイプではないのですが、存在感がある方でした。教室では常に一歩下がるというか控えめな感じでサポート気質なスタンスでした。そして見た目と違う可愛らしい猫なで声でした。

彼女は美塾に通う中で、自分の魅力に気付くとともに自分にもなにかできることがあるんじゃないか、と思うようになってきました。

最初はイベントの実行委員や講師の秘書などの裏方から始めました。そしてイベントの司会をしては「上手くできなかった……」と涙を流します。それなのに今度はイベントの主催をして、そしてまた涙……。止めときゃいいのに、また大きなイベントの司会に再チャレンジしてまた涙……。そう、少しずつ少しずつ、前に前に出ていっているのです。

そんな彼女は今、

「話し声ボイストレーナー」

をしています。

そしてその仕事を通して多くの人を導いています。彼女のキリッとした神秘的な魅力にピッタリな人生を生きています。猫なで声だった声も、今ではキレ味とドスの利いた本来の声を出しています。

あなたのお顔はどんなお顔をしていますか？　好き嫌いは別として、どんな特徴がありますか？　その特徴は、あなたが望む望まないは別にして、人に対してどんな印象をもたらしますか？　両親それぞれからどんなところを受け継ぎましたか？　その受け継いだ特徴、魅力が最大限に活かされることってどんなことだと思いますか？　そして、周りのみんなが待っているあなたの姿があるとしたら、それはどんな姿だと思いますか？

これはもちろん、職業に限らないと思います。人の話を聴くことに向くお顔をしている方もいらっしゃいます。人を和ませることに向くお顔をしている方もいらっしゃいます。その固有の魅力に気付くことができたとき、あなたの人生は一直線に進んでいくかのように感じることができるでしょう。

Point

あなたはその顔で生まれてこなければ
果たせない使命を持って生まれてきた

09 魅力をロジックで知る

そうは言っても、すぐに自分の魅力を見つけたり、自分を魅力的な人間だと思うことは難しいと思われる方も多いと思います。実は美しい女性になることにおいて最も難しいことは、痩《や》せることでもなく、眉を上手に描くことでもなく、アイラインをキレイに引くことでもなく、自分に似合う色を知ることでもなく、自分の魅力を理解することなのです。

そこで、自分自身の魅力がどういったものなのか理解できるよう、**女性の魅力を4種類に分けた魅力マトリックス**というものを発明しました。

こちらは、人間の特性を4種類に分けることで心の垣根を取り払えるという出口光先生が作った「四魂の窓」の考え方をヒントに考案したものです。

本書の巻頭に魅力マトリックスと魅力判定のためのチェックリストを挟み込んでいますので、ご確認ください。また、本書の出版記念の無料プレゼント企画として、美塾講師があなたの魅力を判定させていただきます。詳細は本書巻末をご覧ください（無料プレゼントのご提供は予告なく終了となる場合がございます。あらかじめご了承ください）。

◎「凛《りん》」は女性が憧《あこ》れるきりっとしたクールビューティー

多くの宝塚の男役、多くの世界的に活躍するアジアのスーパーモデルたち、ミスユニバースの森理世さんなどがここに属します。凛タイプの女性の魅力は、意志がありそうで一見近づきがたいオーラ。話しかけにくいと思われることがありますが、それこそが魅力。とても気高く、文字通り凛とした佇《たたず》まいの女性です。

◎「艶《つや》」は華やかで色っぽいいわゆるいい女

フェロモンのある最も女性らしい女性。女性らしさを武器にすると最も威力を発揮するのが艶の魅力。女性である誇りを持ち、磨きをかければかけるほど際立つ、最も努力の報われるカテゴリー。峰不二子、ワンピースのナミなど、アニメに登場する女性の象徴的なキャラクターは総じて艶で、彼女たちから艶カテゴリーの魅力を学び取れます。

◎「萌《もえ》」は可愛くて愛くるしい愛されキャラ

放っておけない、可愛がってあげたくなる魅力。思わずかまいたくなる、家に持ち帰って飾っておきたい、それが萌の魅力です。年を重ねてもなおあっけらかんとしている生活感のない可愛らしさも象徴的です。つんつんされたり、「○○りん」「○○たん」などニックネームで呼ばれることも非常に多いです。

◎「清《きよ》」はさわやかでナチュラルな癒し系

さらさらと清らか、純粋で透明な視線。すべてを許してくれそうな微笑《ほほえ》み。まるで世界平和がきたかのように浮世離れした穏やかさ。それらが清の魅力です。誰からも好感を持たれる、素のままの飾らない美しさが特徴で、シャンプーやお茶や白物家電など生活必需品のＣＭに起用されることが多いカテゴリーです。

Point

自分の魅力の方向性を知ろう！

10 魅力のトリセツ

「自分の魅力は、嫌がれば敵となり、手に取れば武器となる」という言葉があります。

自分の魅力というものはお花のようなもので、ひまわりもあれば、ガーベラもある。バラもあればカサブランカもある。それぞれのお花に似合う場所やシチュエーションがありますよね。やっぱりひまわりはお部屋に飾るのもいいけど、広い草原に豪快に咲いていたらなおさら嬉しいですよね。カサブランカは上品なお宅のリビングにある大きなガラスの花瓶にバシッと生けてあったら見とれますよね。ガーベラは一輪挿しにちょこんといたら可愛いです。そしてバラほど花束が似合う花はないって思います。

そんなふうにお花には、より輝ける見せ方、立場があるのです。

私たちもしかり。輝ける見せ方、立場があるのです。

芸能人の方の魅力がどんどん増していく理由として、「たくさんの人に見られるから」という理由をあげる方も多くいらっしゃいますし、それも影響があると思いますが、僕はポイントはそこではないと思います。

もちろんプロのヘアメイクさん、プロのスタイリストさんが仕上げますので、そのクオリティの高さも大きな要素ですが、それよりもっともっと大きな理由が【キャスティング】なのではないかと考えております。芸能人の方は、一般人に比べて、自分の魅力が映える立場を与えられるケースが多いと思います。それがキャスティングです。

かなり前のドラマになりますが、名作ドラマ「ショムニ」の江角マキコさん扮する坪井千夏は超ハマり役でしたよね。あれは、江角マキコさんが「これは私でしょ！」と立候補したのでしょうか？　違いますよね。キャスティングのプロ、あるいは監督さんが、この登場人物にふさわしいのは江角さんだと判断をしたわけです。

あなたが女優さんだとして、どんなドラマのどんな役柄に抜擢《ばってき》されそうですか？

それが見えてくれれば、より美しく生きることは、実はとてもカンタンなのではないでしょうか？　ちなみに、前述の話し声ボイストレーナーさんは凛の魅力の方でした。

そういった視点も含めて、それぞれの魅力ごとにさらに詳しく見てみましょう。

実は魅力とは、いいことばかりではありません。いえ、最高に素晴らしいことなのですが、**同時に超えなければならない壁もあります。**さらにはその壁を超えたからって、楽園のような世界が広がっているかというと、そう言い切れないところもあります。

魅力に生きることは、「イヤなことがなくなる」わけではありません。むしろ光が強いと影も濃くなるとも言われています。時に悲しみや辛さなど、イヤな気持ちが強まることもあるかもしれません。

それでもどうして、魅力に生きることを提案するかというと、「喜びや豊かさや幸福感が増大する」からです。

ここで書かせていただいたそれぞれの魅力の陥りやすい傾向と対策が、あなたの心のどこかを刺激し、未来に新たな選択肢を浮かび上がらせると思います。

さらには、分けておいてなんですが、もちろんたった4種類で女性を分けることなんてできないと思います。萌と清の複合系みたいな魅力の方もいらっしゃるかと思いますし、もしかしたら変わることもあるかもしれません（今のところ魅力は変わらないと仮定していますが、あくまで仮説にすぎません）。あるいは外見の魅力は「艶」なのに、ここに出てくる傾向は「清」のほうが当てはまるという方も、中にはいらっしゃいます。

その前提をふまえて、まずはそれぞれの傾向と対策をご覧くださいね。

凛

きりっとしたクールビューティー

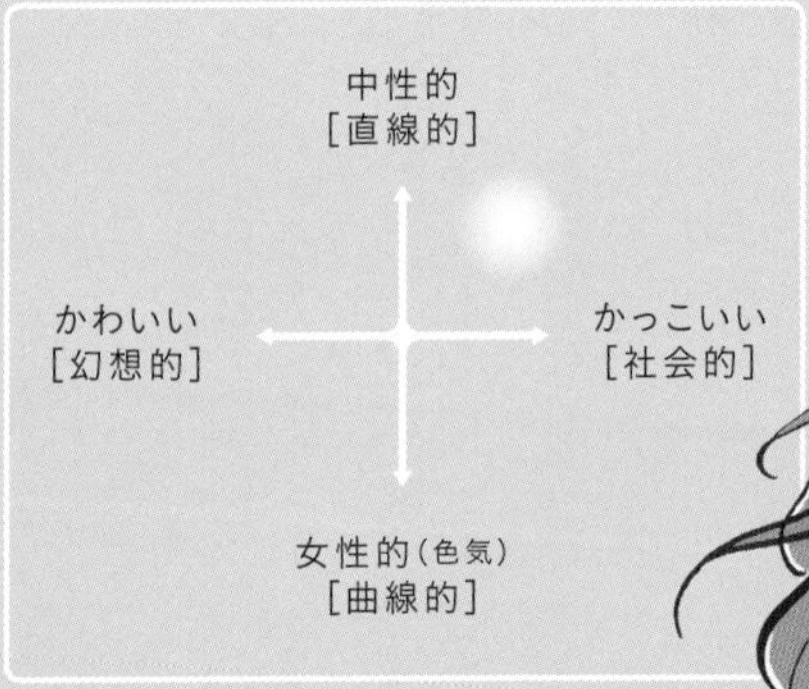

凛眉

長く
やや濃く
細い
直線的な眉

凛アイメイク

グラデーションより
メリハリ重視で、
はっきりと色は使わず
ぐっと深みを強調

凛チーク

ブロンズ系、モーブ系がベター
肌に近く、少し暗い程度の
カラーを選んで

凛のNGメイク

×

優しく見せようとして
明るい色味を使うのはNG
特にポップなカラーは危険！

※メイクについては148ページで詳しくお話しします

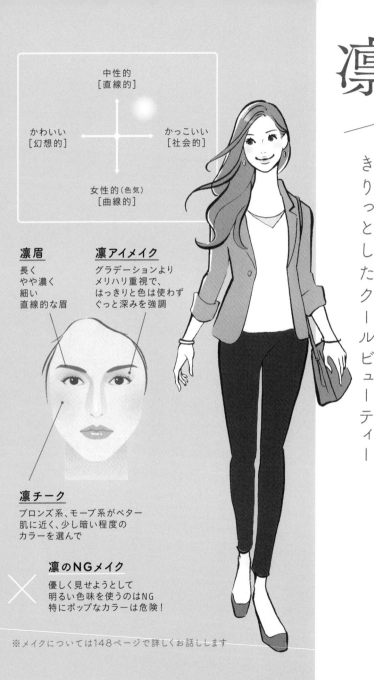

凛

凛の魅力の方は、自分のクールビューティーな魅力に気付けないか、あるいはそれをイヤがり、むしろ**自分がきつく怖く見られているのではないかと不安に思っている方が多いようです。**

なんせ小学校の頃から凛です。ランドセル背負っても凛。そうすると、クラスでもちょっと異彩を放ちますよね。みんなまだ鼻たれだったりほっぺが赤かったりしているのに、1人だけパリコレみたいな子がいるわけですから、ランドセルもちっとも似合わないわけです。給食当番の白いかっぽう着なんて着たらちょっとしたホラー映画です。そんな感じですから、クラスメイトからも話しかけられる回数がダントツで少ないのです。

周りの子たちがどんどん仲よくなっているのを見ながら、自分だけが同じように気さくに話しかけてもらえていないことに気付きます。そこで「まぁ凛だし、しゃーない」という気持ちにはならないわけです。当然まだ自覚がないわけですから。

そんな思春期を過ごし、知らず知らず、きつく見られないよう、怖く見られないよう、という意識を持ち、ありとあらゆる選択をするようになります。メイクやヘアスタイル、ファッションはもちろん、特に彼女たちが持つお化粧ポーチ、ノート、ヘアゴム、こういった脇役さんたちのデザインを見てみてください。やけに可愛いピンクの水玉だったり、ワンちゃんだったりキティちゃんだったりが満載です。怖く見られないようにすることに青春を費やした人だってもしかしたらいることでしょう。電話の声も不必要に明るく猫なで声で「もしもしぃ～♪」と話す人も多いです。

そして無事に人から話しかけれたら、「よかった。作戦は上手くいってるわ」と安堵《あんど》するのです。

さらには、**出しゃばっちゃいけないと思い、比較的おとなしくしています**。だって出しゃばると怖がられちゃうから。

でもね、ちょっと想像してみていただきたいのですが、凛の魅力の天海祐希さんが、きつく怖く見られないようなメイクをして、きつく怖く見られないような髪型をして、きつく怖く見られないような服を着て、おとなしくしていたらいかがですか？　あるいは電話で猫なで声だったら？　ちょっともったいないですよね？

天海祐希さんには、近寄りがたいくらいのカッコよさを発揮したメイクをして、近寄りがたいくらいのカッコよさを発揮した髪型をして、近寄りがたいくらいのカッコよさを発揮した服を着て、ビシッと先頭に立っていてほしいですね。

つまり凛が自覚して実行すべきことは、一見近寄りがたいくらいにカッコよさを発揮して、気高く生きるということです。そしてビシッと先頭に立ってみんなを先導する役割を担うということです。

凛のキーアクションは「こうしよう」「ああしよう」と提案をきちんと述べることです。凛の方の発言は非常に相手に響きます。反対されることもほとんどないでしょう。つまり、あなたは言葉1つ、提案1つで人を導けるのです。この能力をもっと自覚することで、選択が変わってくるのです。萌の発言の通りにくさを経験してみてほしいです。

そして、だからこそ偏った意見にならないよう配慮しましょう。関わる人々がなるべく全員幸せになるような意見を心がけましょう。みんなが幸せになる提案ならできそうじゃないですか？

怖々利己的に生きるのではなく、堂々利他的に生きるということです。

「でも、近寄りがたいヴィジュアルになったら誰も話しかけてくれないから、友達できないんじゃないですか？」

という質問も多いのですが、凛の方は、誰からも話しかけられなくなってやっとスタートラインくらいに思っていてください。誰からも話しかけられなくなったら、「みんな私に魅了されているのね」という自覚を持って、そこから

お友達になりたい人に、自分から話しかけてください。

考えてみてください。自分からはとても話しかけられないような人から、逆に話しかけてもらえたら嬉しくないですか？「話しかけられない＝魅力的ではない」という方程式は勘違いなのです。話しかけてこない人のほとんどは、あなたに魅了されているのです。ですからあなたから話しかけてくれたらその人は嬉しいんです。

Point

あなたは存在そのものがアートで、発言や行動が、誰かの灯台になるのです

艶

華やかで色っぽい

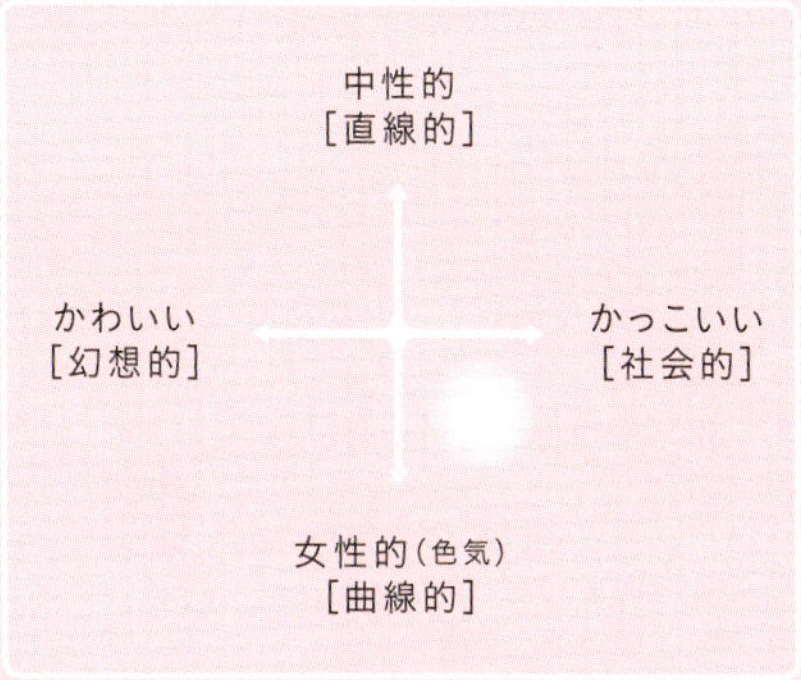

艶眉

やや長く
濃く
太い
曲線的な眉

艶アイメイク

メリハリよりグラデーション
重視で、じわーっと深みを
色を使用するがあくまで
影になる色

艶チーク

ブロンズ系、モーブ系がベター
少し危険な香りのするカラーを
選んで

艶のNGメイク

×

清楚に見せようとマットに
仕上げたり、明るく見せようと
ホワイト・ベージュ系の多用を
するのはNG

※メイクについては152ページで詳しくお話しします

艶

艶の魅力の方は、自分の色気に対してまったく自覚がないか、あるいは疎ましく思っていて、なるべく**女性性を封印し、さらには目立ちたくないと思って生きています。**

特徴としては話し方がやけにさばさばしていて、「自分やっときます！　いいッス！　いいッス！」と体育会系の後輩みたいな立ち位置を好み、自分のことをおっさん呼ばわりしたりします。気さくな人柄で男友達もすぐにできますが、内心実はとっても乙女チックで恥ずかしがり屋で、とてもじゃないけど女性性を表現することなんてできません。

恥ずかし死にしちゃうんじゃないかってくらい、恥ずかしがりすぎていて、恥ずかしがっていることすらバレたくなくて、恥ずかしがっているように見えないくらい恥ずかしがり屋なんです。

女性性の封印は、どうやら痴漢やいたずらに遭った経験がある方が非常に多いようです。さらには初潮が早い。胸が大きくなるタイミングが早いなど、性に対して考えさせられるタイミングが早いために、かえって反発心が芽生えてしまうようなのです。

また、目立ちたくないのは、**子どもの頃から役職についたり、なにか委員会なんかを頼まれたりすることが多い**から。艶の子はなんでもできそうなんですよね。でも本人は「私のことをなにも知らないくせになんで頼んでくるの⁉　そんなにできないよ！」と思っていて、頼まれることがイヤなことになってきます。

また、女性性を売りにして男性と仲よくしている人を見ると、許せない気持ちになる方も艶の魅力の方には多いようです。むしろ一番それをやるべき人たちなのに。

そして密かに、とっても密かに心の奥の奥の奥底のほうに潜んでいる、自分でも手に負えないほどの愛欲ともいえる女性性が、究極中の究極というタイミングに「ドバァ――――ッ‼」っと、全身の毛穴から吹き出す方もいらっしゃいます。あるいはそんな瞬間が自分の人生に訪れることを心底望んでいる方もいます。あるいはそんな自分を自覚することなく、生涯を過ごす方もいらっしゃいます。

艶が自覚して実行すべきことは、女性であることを「自覚」することと、女を磨く「努力」をすることです。艶が女性性を手放すと崖《がけ》から転げ落ちるようにおばちゃん化します。特に結婚、出産を機に一気におばちゃん化している方が多いです。別に結婚と出産をするだけのために女性として生まれたわけじゃないと思います。

いつもいつでもいつまでも自分は女なんだ！

という自覚を持ち続けることです。逆にいつまでも女性だという意識を持ち続けると、参観日などで「あのかあちゃん誰のかあちゃんだ⁉」と子どもさんの同級生が話題にするほど素敵なお母さんにもなりうるのです。それと油断すると太りやすいので、美しさに磨きをかけるには努力を伴います。

それと艶の究極のキーアクションは自己表現です。「私はこれが好き！」「こういうことをしようと思う！」「こういうことをするのがいいと思う！」と自分の価値観や生き様をSNSや交流会やママ友の集まりなどで伝えるのです。

艶の人がやっていることはマネしたくなります。なんかよさそうに見えるんですよね。梨花さんは艶の魅力の方ですが、彼女がインスタグラムなどのSNSに「これ買ったよ♫」なんてアップしようものなら、一瞬にしてその商品は各地でソールドアウトになります。

これは凛と艶の違いで、どちらも【発信】がキーアクションという点では一緒なのですが、たとえば、天海祐希さんが同じく「これ買ったよ♫」なんてなにか買った物をアップしていたとして「うわ！　どこの？　どこの⁉」ってなりにくくないですか？　むしろ「それがどうしたの？」っていう気持ちがよぎると思います（もちろんファンの方は違うと思います。ご了承くださいませ）。

一方で、梨花さんが「こうしよう」「ああしよう」って言ってきたらいかがですか？

もちろんＯＫなんですけど、少しだけ「なんであんたに言われなあかんねん」っていう気持ちになりませんか？（同じくファンの方は違うと思います。ご了承くださいませ）

凛はベクトルのよう。つまり向きがあるんです。だから先導がカッコいいのです。ついていくかいかないか、なのです。艶はオーラのよう。向きというか四方八方にパワーが広がる感じですね。だから自己表現。受け取る側の受け取り方は１００万通りあるんです。相手の反応や評価を手放すことも大切かもしれません。

余談ですが、艶の魅力の方は雑誌の表紙に起用されることが多いです。雑誌ってたくさんある中から、パッと目を惹いて選んでもらう必要があるからなのでしょうね。

Point

あなたが楽しそうに人生を謳歌し、それを旺盛に表現することが、見ている誰かの夢になるのです

萌

可愛くて愛くるしい

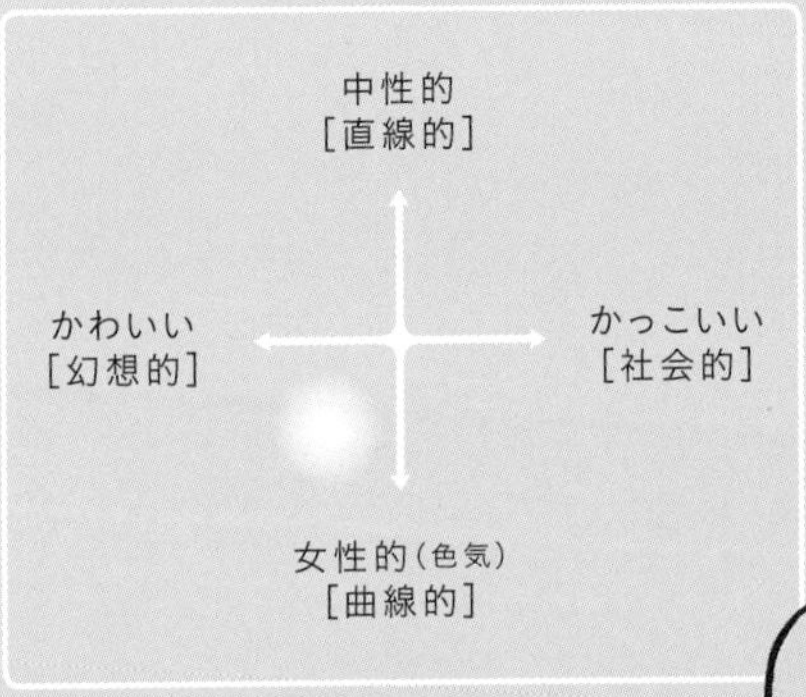

萌眉

短く
ややうすく
やや太い
曲線的な眉

萌アイメイク

メリハリ重視で、ぱっちりと
アイシャドウは控えめで
アイラインとマスカラを
バッチリ、お人形さんの
ようなメイクがGOOD

萌チーク

ピンク系がベター
平和そうな色味ではなく、
少しなにか起こりそうな
カラーを選んで

萌のNGメイク

大人っぽく見せたメイクはNG
特に口紅の強い色は残念！

※メイクについては156ページで詳しくお話しします

萌

萌の魅力の方は、可愛がられたりいじられるのがとてもイヤで、自分は能力が高く、一人前なんだと認められたいがために、**とても頑張り屋さんだったり勉強熱心で、能力が高い方が多い**です。対等になりたいのです。

なぜなら萌は物心つく前から可愛がられてきました。学校の先生からひいきされることも多かったと思います。なのでやっかまれていじめられることもあります。いじめられた経験がある方は「もういじめられたくない！」と、外見を強く見せる努力をするか、コミュニケーションを上達させて、そのクラスや部活の中心人物的な存在へと成長していきます。もしいじめられなかったとしても

「私、可愛がられてラッキー！」

とは思っていません。可愛がられている本人は、それを可愛がられているとは思っておらず、どこか半人前扱いをされているような、**自分はまだ足りていないと言われているような気になっている**のです。

小学校の頃にこんなシーンがありませんでしたか。
艶の子と萌の子が2人で職員室に行きました。先生に頼まれて、次の授業で使う新しい教科書を教室に持っていくことになりました。2人はクラス分を2つに分けて、それぞれ同じ量を持って廊下を歩いていました。
そこにクラスの子が通りかかりました。するとなぜか萌の子にだけ
「大丈夫？　ちょっと持とうか？」
と話しかけるのです。このとき、艶の子は
「なんで萌だけ⁉　私だって重いのに！　私を怪力的ポジションな扱いにしないで‼」
と傷つきます。そして実は萌の子も
「なんで私だけ⁉　艶の子と私は同じ年なのに私は教室に教科書すら持っていけないと思われているの⁉　いーなー艶の子はいつも期待されて、頼られて……。私だって持てるもん！　1人でできるもん！」
と傷ついているのです。そして**それぞれにないものをねだり、それを外見や内面で補おうとしていく**のです。

そんな萌の方は、認められたいを手放して、一人前を手放して、ラブリーな可愛らしさを発揮しましょう。年下にナメられたっていいんです。「エクセルできる？」って聞かれてもいいじゃないですか。

可愛くて可愛くて仕方がないヴィジュアルを目指すのです。

そして萌の究極のキーアクションは、助けを求めることです。できれば目に大量の涙を浮かべながら。

萌の子はなめられたくない、一人前に見られたい、認められたい、という気持ちが強いため、助けを求めたら「自分はできない人間です」と認めているようで、負けを認めたみたいで、どうしてもできないのです。そうなるといつしか自分の器でできそうなことにしか取り組まなくなります。すると表面上はなんでもできる人と、周りの人からも一目置かれるくらいにはなりますが、その奥底に眠っている、自分の力を遥かに超えたポテンシャルが開花することはありません。もし萌の子がそのプライドを捨て、身の丈以上の大きなヴィジョンを持ち「みんなの力を貸してほしい！」と涙ながらに助けを求めることができたら、想像を遥かに超えた数の人たちが、想像を遥かに超えるほどの労力で、あなたを全力でサポートすることでしょう。

だってこんなに可愛いあなたを、みんな日頃から

助けたくて助けたくて仕方がないんです。

でもあなたが立派にやっていればいるほど、周りのその愛が発動することはありません。つまりあなたが助けを求めることは、周りの人の愛を呼び起こすことになるのです。

ただし、萌のヘルプは過剰になると相手を破産させるほどの力があります。あるラインを超えた金額を稼ぐキャバクラ嬢の方に萌が多いのは、この威力が大きいからだと、僕は分析しております。ですので気をつけることは、フィフティフィフティです。助けていただいたことに関して、物質的でも精神的にでも結構ですから、必ずなにかしらのお返しをすることを心がけましょう。

Point

時に誰かを狂わせるほどのあなたのその可愛らしさが、相手の愛を呼び起こすのです

清

さわやかでナチュラル

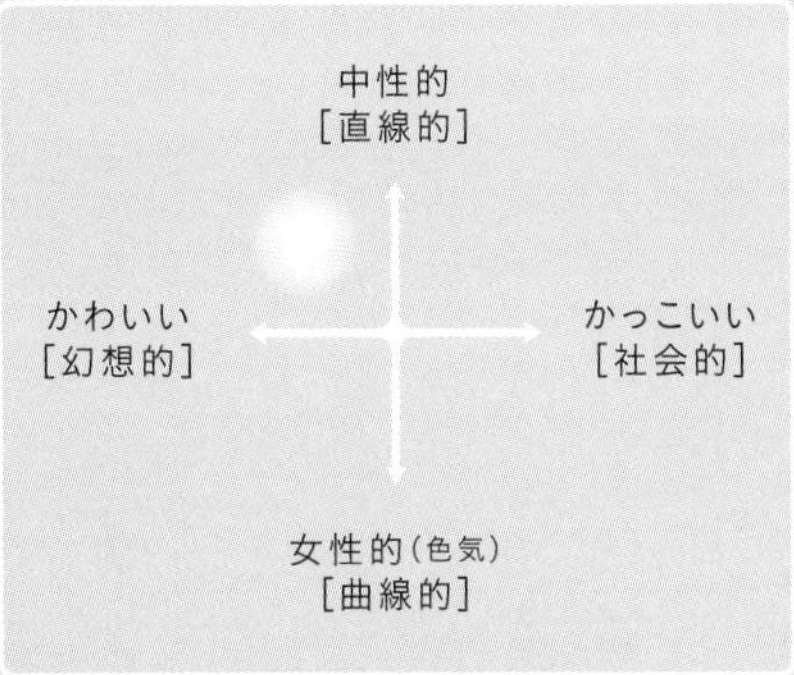

清眉

やや長く
薄く
やや細い
直線的な眉

清アイメイク

色味のないベージュ系か、
自然界にありそうなグリーン系、
オレンジ系を選んで
ただし明るさを重視して
あくまでもナチュラルに

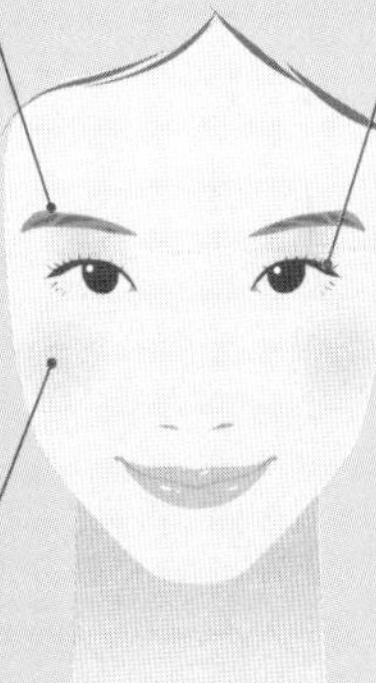

清チーク

ベージュ、オレンジ系がベター
柔らかな印象の、見るだけで
和むカラーを選んで

清のNGメイク

×
しっかりメイク
いかにも可愛いアイライン
マスカラで強調した目元
華やかな色味などはNG

※メイクについては159ページで詳しくお話しします

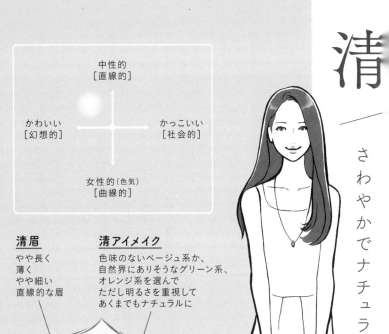

清

清の魅力の方は、自分の癒しのオーラを、目立たない存在だと思っている方が多く、その反発から、**自分を印象づけたく、派手なメイクをする**方もいらっしゃいます。若い頃にギャルメイクをする子も多く、まつエク、アイプチも多く、整形する方も一番多いかもしれません。また、**萌同様に頑張り屋さんになる人も多い**です。あるいは「ま、わたしは所詮、脇役だから……」と後ろ向きに受け入れて、そのまま風にたなびく野原の草のように、流れに身を任せて過ごしているケースもあるようです。

実際、学芸会では村人Bの役だったり、ブタ2の役だったりします。

去年同じクラスだった男の子に、

「僕は去年3組だったけど、君はなん組だったっけ？」

なんて聞かれちゃったりします。名前もなかなか覚えてもらえません。

後、デートしていても彼が寝ちゃうこともあります。そんなことを繰り返す中で、

「わたしっていてもいなくてもいい存在なのね」

と、せっかくのかけがえのない魅力を、自分の改善すべき点だと思ってしまいます。

そんな清の魅力の方は、実は誰からも嫌われていないという特徴があります。

「なんかいい」んです。なんかよさそうなんです。だからテレビCMは清の芸能人の方が圧倒的に多いのです。仲間由紀恵さん、広末涼子さん、竹内結子さんなどの方々は、清の魅力だと思われます。

たとえば松嶋菜々子さんも清の魅力の方ですが、

「私、松嶋菜々子キライ！」

って言う人がいたら、どう思いますか？　むしろそれを言った人の性格が悪いように感じませんか？　僕たちは松嶋さんのことをほとんど知らないくせに、なぜかそういう判断を下しています。

結婚するときも、清の方は案外あっさりお姑《しゅうとめ》さんに気に入られることも多いようです。

「あの子いいんじゃない？」

なんて。結婚で大変なのは萌や艶です。特に萌は、かなりの確率で最初に「あの子大丈夫なの？」なんて言われます。どちらもロクにお互いを知り合っていないのに、適当なもんです。

でもだからこそ、萌と艶は努力をします。なのでその過程で「あら、案外やるじゃない」なんて信頼が築かれ、絆が深まり、よりよい嫁姑関係にもなれます。凛も比較的気に入られるので（というか、怖くて文句が言えないというのもあります）凛と清はそこからの努力をする機会を逸しやすいかもしれません。ですから一概になにがよくて、なにがよくないとは言いにくいのです。出来事は結果が1つではありません。同じ出来事に対してポジティブに解釈できたり、そこからどうアクションができるかが大切だと思います。

そういう意味で、**自分の魅力によって起こる出来事の傾向をあらかじめ知っておくことで、そういった対策がしやすい**かと思います。車もそうですが、性能を知るからこそ、乗りこなせるのです。外見は乗り物です。操縦方法は早く修得したほうがいいのです。

少し話は逸《そ》れましたが、そんな清の魅力の方は、スーパーナチュラルメイクを心がけること。特にベースメイクはミニマムでファンデーションを塗らなくてもいいくらいです。

そして清の究極のキーアクションは幸せそうに穏やかに微笑むことです。

そして最高の聞き上手になることです。

清は世界平和を実現したかのようなα波のようなマイナスイオンのような空気を放って

います。100人集まったイベントで魅力別に分かれると、清の方々が集まった場所だけ、やけに涼しいのです。体感できるくらい違います。ですから、人は清の方に対して、ホッとする瞬間だったり、安心だったりを求めます。男性が寝てしまうのも、あなたの癒しの空気に安心したからです。それを自覚して、ご縁あるすべての人を癒しや安心でくるんであげましょう。

あなたが穏やかに微笑むことで、たったそれだけで、「癒しや安心」を目の前のあらゆる人に提供できるのです。スゴくないですか？　なにもしゃべる必要がないんです。実際、清の方で活躍されている方は、セラピストやエステティシャンやリフレクソロジーなどの人の身体や心に触れるお仕事、また著名な旦那様の奥様など、人に寄り添ってその人を癒すことで活躍している方が多いです。

Point

あなたが穏やかに微笑んでいてくれたら、それだけで
目の前の人が癒され、その分世界が平和になるんです

以上が魅力ごとの説明となりますが、4種類それぞれの魅力の陥りやすい傾向と対策はご理解いただけましたでしょうか？

診断結果のカテゴリーに書かれていた内容は、今のあなたにバシッと当てはまるものでしたか？　もし違ったカテゴリーの内容のほうがピンと来た方は、もしかしたら診断自体に誤りがある可能性があります。もっとたくさんの人に聞いて再度診断をしてみてください。

また、ぜひ本書巻末でご案内している美塾講師によるあなたの魅力判定をご活用ください。

ただし、それぞれの魅力に対して、書かれたこと以外のことは間違っているのか？というと、そんなこともありません。一度も助けを求めず、最高の人生を送っている萌の方がいることだって十分ありえます。１００人１００通りの人生がありますし、同じ凛でも全員違う人生を歩んでいます。先ほどの例にもありましたが「では凛の魅力の方が主婦をしていたら間違いなのか」というと、そういうことでもありません。ここに書かれていることは真実でも答えでもありません。法則でもお告げでもなく、新たな刺激であり、きっかけです。この理論に触れることで、あなたがあなたの知らない自分に気付く大きなきっかけになれば嬉しいと思い、書かせていただいております。この本を読み、あなたがなにかしらの刺激を受け、その後の人生に実際になにかプラスの変化が起こったとしたなら、それは少なくとも、あなたにとっては真実だと言い切れると思います。

そして気付いてほしいのですが、あなたの価値観や性格のかなり多くの部分は、

「あなたがその顔で過ごしていることによって引き起こされた出来事に関して、自分なりに決めたことの足し算」

だということです。しかも多くの場合、少しネガティブに解釈をして、その対策を練ってきました。つまり偏った価値観ということになります。

そして肝心な、持って生まれた魅力によって、生まれつき受け取っている恩恵に、私たちは鈍感なのです。

あなたがそのお顔で生まれたことによって、当たり前に受け取っているものはなんですか？　自覚がありますか？　想像ができますか？　そう聞かれるとピンとこないんじゃないですか？

そうなんです。あなたはあなたの魅力と、その魅力によって得ているものに、非常に鈍感なだけなのです。

だからこそ、今のあなたのその価値観を超えて、自らの魅力を存分に発揮して毎日を過ごしてほしいんです。

Point

あなたの今の価値観は、その顔で過ごしたことによって形成されたものにすぎない

Part 3

自分の顔を愛するように触っていますか？

11 お金も時間もかからない最良のスキンケア

さてそんな、持って生まれた特徴を魅力として活かし、磨きをかけるメイクを僕の教室では教えている訳ですが、実際にはどんなことをやっているのでしょうか？

まずお教室で、一番最初にお教えしていることがあります。それはスキンケアに関することです。美塾ではスキンケアに対する教えは、後にも先にもこれだけです。

この最初の教えで、ほとんど全員の方のお肌が改善します。美塾に通われている方はほとんど全員が、去年より今年のほうがお肌がキレイです。

しかもお金も時間もかかりません。むしろほとんどの方が**スキンケア用品の消費量が減り、より経済的**になっています。

それはどんな教えなのかと言うと、

「自分の顔を愛するように触る」

というものです。

あなたは、自分の顔を愛するように触っていますか？　愛していないのだとしたら、いつもどのように触っているのですか？　どんな気持ちで触っているのですか？　かぼちゃを洗っているときと同じ感覚で触っていませんか？

ぜひ、一度でいいから、真剣に集中して顔を愛するように触ってみてください。今からやってみましょう。この本を一旦置いてください。10秒で結構です。触ってみてください。目を閉じてみてもいいかもしれません。

はいどうぞ！

・・・

・・・

いかがですか？（せめて1秒でもいいからやってくださいね）

こんなふうに触ったのはいつ以来ですか？　もしかして初めてですか？

実際のお教室では、この最初の教えだけで早くも涙を流される方もいらっしゃいます。

「自分の顔を愛するように触る」

このことをお教えするようになったのには次のようなきっかけがありました。


「先生、私の結婚式、先生にメイクをしてほしいんです……」

そうはにかみながら語る彼女の頬は、授業が終わった直後の綺麗に仕上がったメイクよりもさらに一段と綺麗でした。みんなが帰るまでなかなか帰らなかった理由がやっとわかりました。僕は喜んでその大役を引き受けました。

僕たちが提唱するメイクは、とっても薄いメイクでシミもクマも隠しませんし、左右対称にもしませんから、主旨をご理解いただけていない方ではクレーム騒ぎにもなりかねません。なので、生徒様以外のブライダルメイクは基本的にお受けしておりません。

その分、生徒様は当然主旨をご理解いただいておりますので、思いっきりその人のままに輝くナチュラルメイクで晴れ姿を演出します。ファンデーションもほとんど塗らないその仕上がりは、ある男性が「内田さんがメイクすると、その人のすべての表情がより際立ちますね」と表現してくださったのですが、たしかに笑顔はより笑顔に、泣き顔はより泣き顔に、とすべての表情がよりはっきりするのです。

今回もそんな嬉しい出来事でしたが、当日にある事件が起こります。そしてそのある事件が、教室で必ず最初にお伝えをする私たちにとって欠かすことのできないメソッドへと繋がっていくのです。

生徒様と一度色合わせもして、こういうメイクでいこうとお互いが納得をし、準備万端、後は当日を迎えるだけとなりました。

前日にメールが届きました。その内容は、お姉様のメイクもお願いをしたいということでした。僕は「もちろんです！」と深く考えもせずに答えました。

そして当日。朝から生徒様へのメイクは順調に進み、仕上がりもバッチリ。本人も「やっぱり先生にお願いしてよかった！」と喜んでくれています。とってもステキな花嫁さんに仕上がった生徒様は、とっても綺麗でその人らしく輝いていました。

ここでひとまず肩の荷をおろしました。よかったよかった。

そんな一息ついているところにお姉様が到着されました。僕はお姉様とお会いしたときに、しまった！と思いました。というのもお姉様は一目見てわかる、アトピーの方でした。僕は恐る恐る聞きました。

「本日、普段お使いのスキンケア用品はお持ちですか？」

すると持ってきていないとお答えになりました。

次に、

「私のお持ちしたスキンケア用品だと難しいでしょうか」

とお聞きすると、やはり特定のスキンケア用品でないと不安だということでした。そうお話しくださるお姉様の肌はとても乾燥していて、この上からファンデーションを塗ってもかえってカサカサになり、満足のいく仕上がりには到達しそうもありません、かといっておつけするスキンケア用品もない……。僕は事前にお姉様のことをもっと聞いておけばよかったとプロとして自分を恥じました。

でももう遅いのです。そこからやるしかありません。プロとはミスをしない人間のことを指すのではなく、**いつでもどこでもミスをカバレッジして最終的に必ず着地を決めるのがプロ**です。

僕は鏡台に座るお姉様の背中に立ちました。そして鏡越しにお姉様を見ながら後ろから両手を回し、彼女の顔を包み込みました。なにもつけずに。

そしてこう思ったのです。

「今日は妹さんの晴れ舞台だね。みんなでお祝いしたいよね。みんなもそう思ってくれているよね。いつもありがとうね。みんなで力を合わせてその晴れ舞台に花を添えませんか。お姉さんがより綺麗だったら、妹さんも嬉しいと思うんだ」

そんなようなことを思いながら、お姉様のお顔を触り続けました。対話したといえばそうかもしれません。おそらく一言で言えば、僕はあのとき、お姉様のお顔を愛したのだと思います。

すると不思議なことに少しずつ少しずつ、お姉様のお顔の潤いが増していったのです。

「うわぁ、ありがとう！　みんなもやっぱりお祝いしたいと思っていたんだね！
ありがとう！　ありがとう！　後は任せてね！
僕がバッチリ仕上げるからね！」

とお姉様のお肌にお礼を言って、メイクに取りかかりました。その仕上がりは僕にとっても満足のいくもので、お姉様も大変喜んでくださり、なにより花嫁さんである生徒様が一番喜んでくださいました。

「お顔を愛するように触りましょう」

この日から、僕が生徒様に一番最初にこれを伝えるようになったのです。

Point

顔を愛するように触ることが最良のスキンケア

12 スキンケアとは基礎化粧品をつけることではない

教室をやっているとよく聞かれるのが、

「どの基礎化粧品を使ったらいいですか？」

という質問です。多くの女性が現在使用している基礎化粧品、スキンケア化粧品に確信を持てていないようなのです。前項では、顔を愛するように触ることが最良のスキンケアだとお伝えをしましたが、さらに付け加えると、実は顔を愛するように触ること自体がスキンケアだと僕は思っています。そして愛するだけではどうしても限界があるので、そのサポートをしてくれるのが基礎化粧品なのではないでしょうか？　まずそこに立つことが大切だと思います。

「スキンケア＝基礎化粧品」だと思うと、お肌の仕上がりの善し悪しもすべて基礎化粧品のせい。結果が出ないと自分のしてきたことは棚に上げて、「これがいけないのよ！」と基礎化粧品のせいにして、また別の基礎化粧品へと移ることの繰り返しになってしまいます。それでは一向にあなたのスキンケア力《りょく》＝「お肌を愛する能力」は上がりません。

スキンケアというのはあなたがあなたのお肌を愛した時間。愛した量だと捉えてみてください。その上で、愛するだけではメイクは落ちませんのでクレンジングが必要になってきます。さらには愛するだけでは肌の表面のなめらかさが足りないときは、化粧水や乳液が必要になってきます。

というように、すべての基礎化粧品がそれを補ってくれていることに気がつけますから、なにをつけてもどんな化粧品にも感謝が湧きます。


すでにお気に入りの基礎化粧品がある方は、それは素晴らしいことです。そう思える基礎化粧品を作ってくださっている会社様に感謝。その出逢いをくれた方がいるならその方にも感謝ですよね。女性にとって人生を大きくプラスに導く出逢いだと思います。

ただ、そんなお気に入りの化粧品に出逢えた方も、盲目的にその基礎化粧品に頼りっきりにはならないようにご注意ください。もちろん素晴らしいものだと思いますが、そのお化粧品に出逢うことでたどり着いた、あなたのお肌への想いがまた一段と素晴らしいのです。そこを区別して理解ができると、いつどこでなにがあっても自分のお肌をケアしていけると思うのです。いつまでも同じ基礎化粧品がある保証はありませんし、いつまでも基礎化粧品が当たり前に購入できるとも限らないのですから。

本当の意味でスキンケア力《りょく》が高い方は、川の水でも、さらにはすでに私たちの周りを覆っている空気でも、十分基礎化粧品の代わりにして、美しいお肌でいることができるのだと思います。

ぜひそんな感覚でスキンケアにチャレンジしてみてください。そしていつか川の水と空気でスキンケアができるようになりましょう！

Point

顔を愛することそのものがスキンケア

13 お顔の形に沿って触る

お顔を愛するように触ることができると、だんだんとお顔の形に沿って触ることができるようになります。

「お顔を愛するように触る」という教えは、精神的な影響をもたらすだけではなく、物理的にもプラスの影響があります。この教えでほとんどの方のお顔に対する手触りが一瞬にしてプロ並みの手触りになるのです。魔法の教えなのです。

お顔の形に沿って触ることで、スキンケアだけでなく、メイクも劇的に上達しますし、すべてのアクションに対するお肌への負担も軽減されます。

しかしそれにしても、この教えを聞いたことがないほとんどの方が、顔の形に沿った触り方ができていません。それどころか、**顔の形と反対の動きでメイクをしている人のほうが圧倒的に多い**のです。顔と反対の動きをしているという自覚すらなく。

たとえば眉を描くとき、ペンシルでもブラシでも結構ですが、どのようにして描きますか？　指や手首を使ってペンシルやブラシの先を眉が生えている顔にこすりつけるように、

サッサッサッ

と描きませんか？　これは

マッチで火をつけるときのような動き

と似ていませんか？

これは実は、顔の形とまったく合っていない描き方なんです。

曲面に対して、こういう動きになりますよね？

顔に沿った動きというのは、こういう動きです。

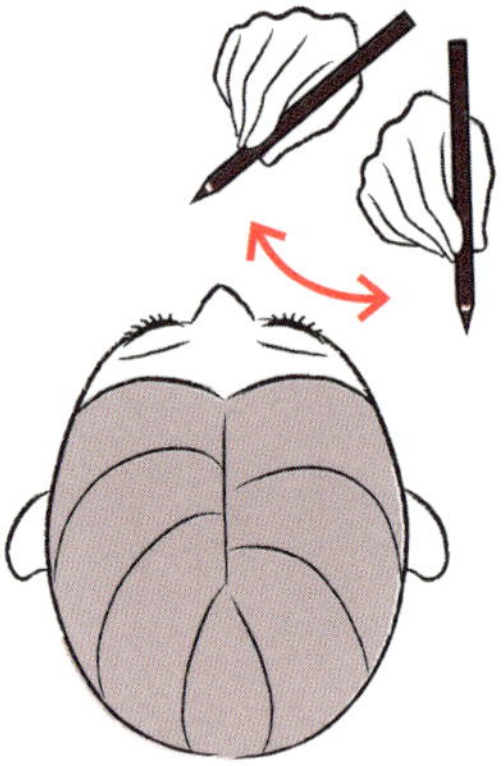

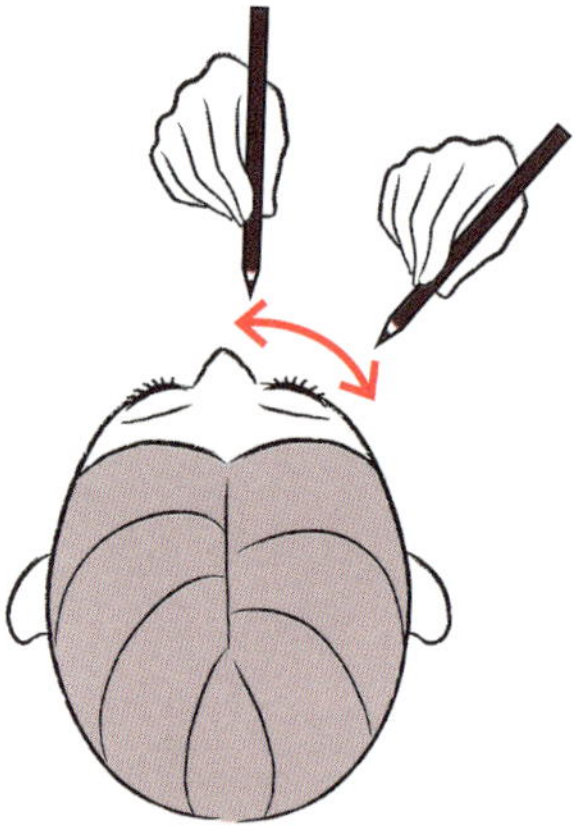

こうやって図にして見てみるとわかりやすいですよね？

では、どうして多くの方が顔と反対の動きをしているのでしょう？

まさに**炭酸水**です。

それはですね、おそらく、**手の都合で動いている、つまり手の関節の構造に対して忠実に動いている**からです。

指の都合で動かすとこうなります。

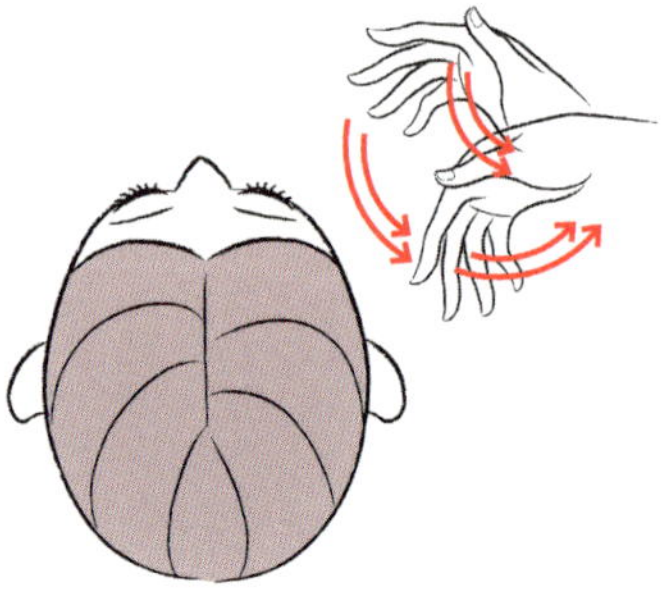

手首の都合で動かすとこうなります。

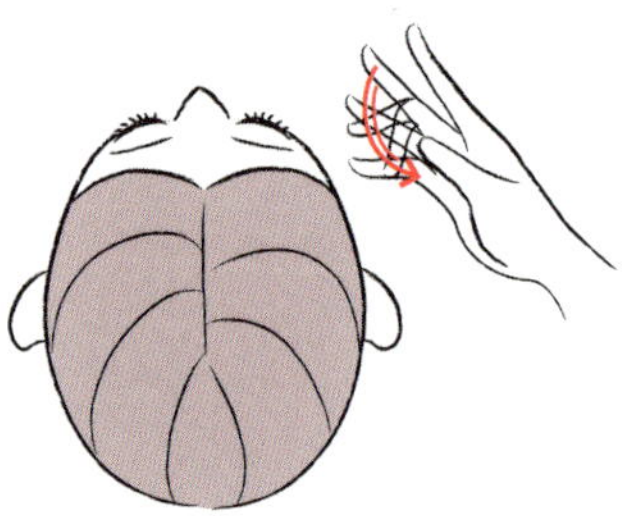

これに対して、**顔の都合で手を動かすことを意識する**と、このような動きになります。

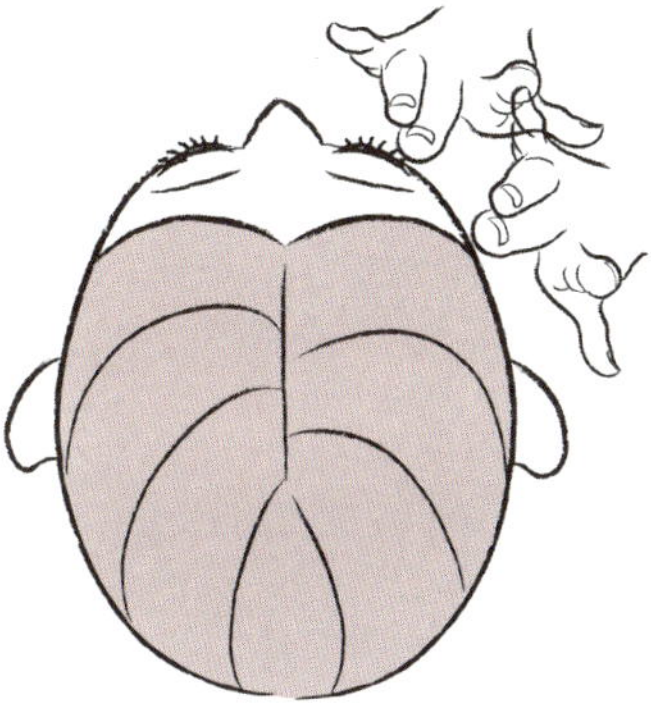

いわば、寝転がった状態で上からハチミツを垂らしたときにハチミツが垂れる動きを目指すのです。

この動きは手にとってはわざわざしなくてはそうならない動きなので、意識的に動かさない限りはこの動きに辿《たど》りつけません。そういう意味でも「顔を愛するように触る」という教えがこの動きに気付かせてくれる特効薬となるのです。

よくよく考えたら、メイクは手がすることではなく、顔がされることなのですよね。

ぜひ、そのように意識をして、メイクをしてみてください。

すべての動きが顔に沿った滑らかな動きになったとき、メイクは驚くほど上達し、お肌がピカピカになり、さらにはメイクをする所作もとってもキレイになります。

Point

メイクは手がすることではなく
顔がされること

14

あなたの肌色に合うファンデーションは地球上に存在しない

実は、あなたの肌色に合うファンデーションはどこにも売っていません。

百貨店にもドラッグストアにもアマゾンにも楽天にも、どの化粧品ブランドにもありません。地球上に存在しません。あなたが手作りで作ったとしてもです。

どうしてか？

正解は、あなたの肌色が一色じゃないからです。

あなたのお肌は実に様々な色の集合体です。ですから、どのファンデーションが自分に合うか？という考え方では限界があるのです。もちろん多少の色合わせは必要なのですが、むしろもっと大切にしなくてはいけない考え方は、

このファンデーションなら顔のどこに塗るか？

そして、

と考えるのです。

どこには塗らないのか?

顔にぴったり合ったファンデーションは存在しないわけなので、**顔全体に均一に塗るという考え方からも卒業**です。非現実的な考え方なのです。

これまでの「自分の肌色に合った色を探し、顔全体に均一に塗る」というメイクの考え方は、手先が器用でセンスがいい人であればある程度上手くいく考え方でした。僕が提案している「今手元にあるファンデーションをどこに塗れば自分は今よりもっとキレイになれるだろう?」という考え方だと、より頭を使った人が上手くいく考え方です。つまり誰もが上達できる考え方なのです。

今手元にあるファンデーションをどこに塗れば自分は今よりもっとキレイになれるだろう?という質問を自分にしながら「ああかな?」「こうかな?」と塗ってみてください。

そうすると「塗ったら自分自身が今よりもっとキレイになれる箇所」と「塗ってもあまりキレイにならないのに、やけに塗りました感だけが増してしまう箇所」があることがわかってくると思います。

そんなふうに考えながら、変化をよく確認しながらメイクをすることで、どんどん美に対してさらに賢くなり、新しい智恵が湧くようになってきます。

Point

塗ってもキレイにならない箇所には塗らない

15 急ぐと余計に時間がかかるのがメイク

ファンデーションを塗るときに、何回お顔を触りますか? おそらく30回以上触っている人がほとんどですよね。

車のワックスがけのようにぬりぬりぬりぬりぬり。あるいは顔を弾くようにぴゃっぴゃっぴゃっぴゃっ。最近ではブラシの方も多いみたいでさっさかさっさか。

そもそも制限もありませんので、ファンデーションを塗りながら手数が多すぎると思っている人なんてほとんどいないかと思いますが、どうしてあんなにたくさんの回数かけてファンデーションを塗っているかご存じですか？

あれ実はですね、ファンデーションをのばすときに、**自分の手の動きが速すぎて、ファンデがついてこれず、のびなかったから、やり直している**んですよ。

つまり、**空振ってる**んです。

自分でやっていて、空振って、空振ったことを何回も何回もやり直して、やっと終わっているんです。自分がファンデーションを塗るときにやっていること、よーく見直してみてください。

ほとんど全員が、ほとんどすべての手数において、動きが速すぎます。

速すぎてファンデーションがついてこれていないのです。

それなのに、思い込んでいて、「あれ？　手の動き速すぎる？」と一度も気付けないのです。炭酸水状態です。

多くの方のファンデーションの手の動きを社交ダンスにたとえると、非常に自分勝手なリードをする男性ダンサーのようなものです。ついてこれてないパートナーを無視して、引きずりながら踊っているようなものです。メイクというものは、指とお化粧品がお肌の上で、ダンスをするようなものだと捉えてみてください。実はファンデーションがついてこれるスピードで手を動かすことで、つまり適切なスピードでファンデーションを塗ることで、驚くほど少ない手数と時間であっという間にファンデーションを仕上げることができるのです。

すべての化粧品と、あなたの肌の状態、それとあなたの手くせに対して、適切なスピードがあります。それを意識してみてください。基本的にほとんど全員のほとんどすべての手数が速すぎます。
まだファンデーションを塗ったことがない、という方はこの話をふまえて「こういうもんだろう」というイメージや思い込みをなるべく排除して、お化粧品とダンスするように塗ってみてください。

速いは早いにあらず、です。

Point
お化粧品と踊るようにメイクをしましょう

16
顔が球体じゃないことにいつまでも気付かない理由

ところで不思議じゃないですか？
最初にお伝えをした炭酸飲料のことや、先ほどのファンデーションのこともそうですが、どうして自分でそのことに気付かないのでしょうか？

途中で気付いてもよさそうなものじゃないですか？

ファンデーションを顔につけたはいいが、指の動きが速すぎてファンデがついてこれていないという滑稽なミスを、数え切れないほど繰り返し行っているにもかかわらず、なぜ今も気付かずそのスピードでファンデーションを塗り続けているのでしょうか？　それも大多数の人が。

僕も今でこそ偉そうにお伝えをする立場におりますが、それこそ「適切なスピードが大切でほとんどの手数が速すぎたんだ」と気付けたのは、メイクを仕事にして6年。美塾を立ち上げてから3年経ってやっとくらいなものでした。

どうしてもっと早く気付けなかったのか？

それには他にも様々な理由があるかと思いますが、それでも1つあげるとするならば、僕はこれだと思います。

それは

「イメージをしているから」

なんだと思います。

「これはこういうものだろう」「こうやってやったら多分いいんだろうな」

これらの考え方はすべてイメージからくるものです。

炭酸飲料は「きゅっ！」とふたを締めたほうが炭酸は抜けないだろうというのもイメージですよね。

イメージをするとどうして手数が速すぎることになかなか気付けないのかというと『今ここ』にあるもの」に鈍感になるからです。

イメージとは

『今ここ』にないもの」を頭の中で思い描く能力

とも言えます。

ファンデーションでたとえると、最初はイメージで「これはこういうものだろう」と見よう見まねでファンデーションを塗ります。

経験が0だとするならば、イメージが湧かないと手も動かないので当然イメージの力が大切になります。

肝心なのはこのすぐ後です。

塗った瞬間から、指の手触りであったり、のびたファンデーションという結果だったりというものが「今ここ」には生まれ始めています。

ほとんどの方が、このまさに「今ここ」に生まれている体感や結果に対してほとんど意識が働いていないのです。

ですから何回塗ったとしても気付きはなく、新たな情報を手にするまでは基本的に同じ動きの繰り返しをしています。

たとえばチークを塗るときに

「どこからどこまでが塗ったチークの色で、どこからが素肌の色なのかわからないくらい、じゅわ〜っと広げながらぼかしていきましょう」

と説明をしているのですが、ほとんどの方がその直後にいきなり**3回くらい同じ場所をブラシでゴシゴシ**塗り始めます。

そしてしっかり塗った箇所と塗っていない箇所とで明らかに境目ができてしまってから、自分の顔の違和感に気付き、「あれ?」と首をかしげているのです。

「あれ?」もなにも、今ここであなたにチークを塗ったのは紛れもなくあなたですよね。

いつだってどこだって、メイクの仕上がりに関して、犯人はあなたなんです。

これはたとえると1人でお店をやっていて、自分でレジのお金を自分のおサイフに入れて、その後レジのお金を数えて、「あれ？」って言ってるのと同じです。

いやいやいや！ 犯人あなたですから！

そう。今、自分でしたことに対して、またその結果に対して、少し先のイメージばかりを追いかけていて、「今ここ」に対して意識が働いていないのです。

ですから、チークを塗るときに僕は

「ひとはけ塗ったら、そのひとはけで自分の顔がどのように変わったか確認をしてから、次のひとはけを決めてください」

とお伝えしています。

それでも塗りだした途端、ふたはけ連続で塗ろうとするので

「はいストップ！　今ふたはけめに行こうとしましたよね？ ひとはけめで自分はどんな変化がありましたか？」

と何度も手を止めさせ、クセを取り去ります。あまりに勝手に動きだす自分に、我ながらあきれて笑ってしまう生徒もいるくらいです。

圧倒的に欠けているのは「意識すること」なのです。意識とは

「『今ここ』にあるものを感じる能力」

だと言えます。

この「イメージ」と「意識」の区別ですが、これは僕が身体の使い方など、多くのことを教えていただいているダンサーのJun Amantoさんからお聞きした言葉です。

教室ではこんな例を交えてお話をします。

利き手の中指で顔に触れてもらいます。そして指が顔から離れないように顔に沿ってするすると動かしてもらいます。

かといって顔がひしゃげたりひっぱられたりということがないよう、ちょっと早く動くナメクジのように、顔が動かないように、顔の上を這《は》いつくばって滑るように利き手の中指をするするする――と動かしてみてもらいます。

顔中、触っていないところがないくらいあらゆるところを触っていただきます。

このレッスンをしていると、4割くらいの方が何度やっても頬の辺りで指と顔がぶつかったり引っかかったりするのです。

何度もぶつかっているのに「顔が乾燥しているからだ」とか「顔の皮ふがたるんでいるからだ」と言って、動きを改善しようとしない人もいます。

これは実はイメージが弊害になっています。

はい！　ちょっといいですか？　何人かの方が頬で指と顔がぶつかっていますよね？

これはどうしてかと言うと、あなたの顔はあなたが思っている形をしていないからなんです。自分の顔の形どんな形だと思っています？

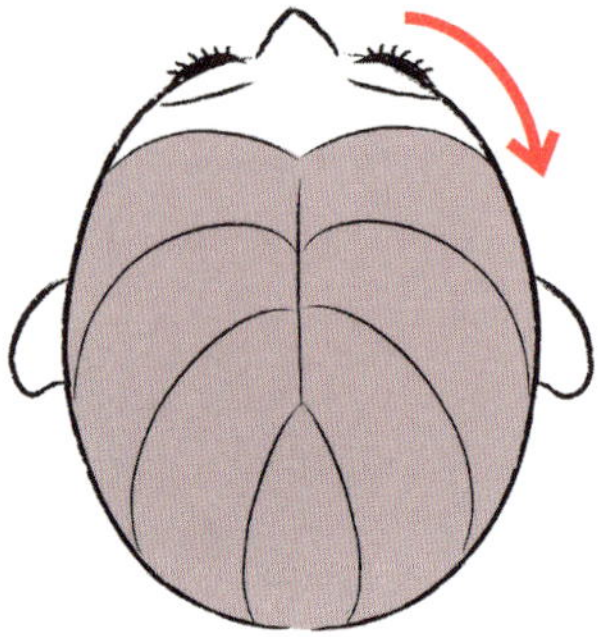

なんとなくこういう形だと思っていませんか？
これが実は間違っているんです。
ではどんな形なのか？
実は僕たちの顔の形は、僕たちが思っているより……

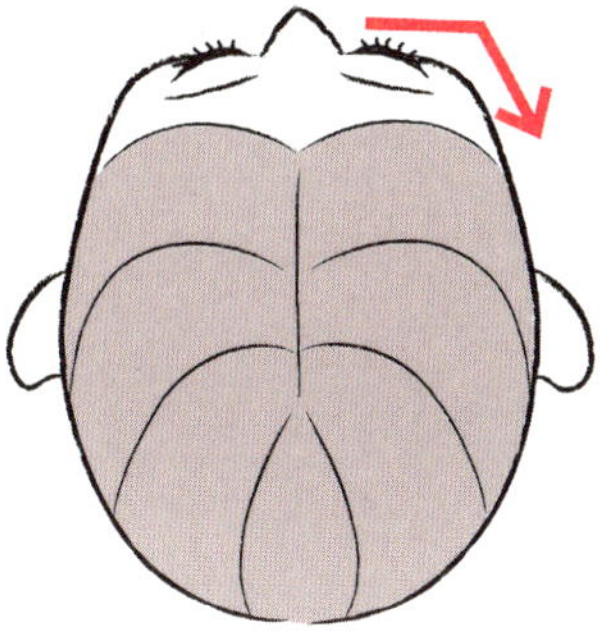

こういう形をしているんですね。ビックリじゃないですか？

では今から改めて、顔を触りたいのですが、目を閉じてください。視覚に頼らず指の表面で、顔の表面を味わうようにしっかりと意識して、これも僕のお伝えをした形をイメージしすぎないで、むしろ自分の顔の表面を「意識」して、初めて月面着陸に成功した地球人のような新鮮かつ『自分はまだなにも知らないんだ』という謙虚な気持ちになってゆっくりと、顔の形を確かめるようにじっくりと触ってみてください！

こうお伝えをすると、これまでとは比べ物にならないくらい一気に手の動きが滑らかになります。指の表面にどんな感覚があるか、また触られているお顔にはどんな感覚があるかに対しても敏感になっていきます。そしてそれらは「今ここ」にあるものですよね。

この感覚が養われていくと究極、なにも習わなくても日々上達していくようになります。毎回のメイクに発見が生まれるはずなんです。ですから毎日のメイクに発見がある人は「今ここ」を意識している人です。さらにはこれはメイクに限らず、ほとんどすべてのことにおいて活用できる考え方だと思います。ぜひともこれを機会に「今ここ」を意識して生きていきましょう。

Point

イメージよりも意識をすることで「今ここ」にあるものを味わおう

17

匠《たくみ》の手つきはテンション0《ゼロ》

「今ここ」を味わいながら、さらにやってみていただきたいのが、

「テンション0」

という触り方です。

テンション0とは、指やブラシやビューラーなど、メイクに使うために顔に触れるものが、顔には触れているんだけど、一切圧力がかかっていない状態を指します。つまり「ただ触れているだけ」という状態です。この状態を、テンションがまったく発生してない(=0)ということで「テンション0」という名前をつけさせていただきました。

ではこの「テンション0」をいつ使うのか?という話ですが、1ヶ所をのぞくすべてのメイクの所作の顔に触れる瞬間と、顔から離れる瞬間に使います。

つまり、すべてのメイクの所作はテンション0で始まり、テンション0で終わる、ということになります。これを全手数で行います。

触り始めと、触り終わりが丁寧に、かつ慎重になるかと思います。

これでメイクは相当上達します。ムラになりにくくなるし、顔全体が一段とつるんと仕上がりますし、メイクをしているときの所作が相当美しくなります。

日本舞踊の動きは、このテンション0を随所に挟んだ動きの連続だと言えますし、料理人、木工職人、ガラス職人、書家など、匠の技にはこのテンション0が適所に組み込まれているように感じます。また、後片付けでこれを意識すると物を大切にすることができるようになります。

これがメイクでできている方は非常に少ないのです。さらにはそれを授業で体系立てて教えているところとなるとほとんどありません。

僕自身、メイクをお仕事にして6年くらい経って、やっと修得したというか、辿りついた概念です。僕はそういった感覚的なものを理論化し、さらにはどんな人にでもなるべく修得してもらえるよう工夫して打ち出すのが得意なのです。

このテンション0ほど、教えながら「こんな奥義をあっさり教えてもらっていいなぁ」と感じるものはありません。みんなが心底羨ましいです。なのでぜひとも修得してください。メイクが上手いだけでなく、所作の美しい女性をどんどん増やしていきたいとも思っています。

Point

すべての手数はテンション0に始まり、
テンション0に終わる

18

残心《ざんしん》

このテンション0をお教室でもお伝えしていたところ、

「美塾のメイクは残心ですね」

と、大阪の生徒様が教えてくださいました。

当時、僕はこの残心という言葉を知りませんでした。

Wikipediaを調べてみると、このように書かれておりました。

「残心とは日本の武道および芸道において用いられる言葉。残身や残芯と書くこともある。文字通り解釈すると、心が途切れないという意味。意識すること、とくに技を終えた後、力を緩めたりくつろいでいながらも注意を払っている状態を示す。また技と同時に終わって忘れてしまうのではなく、余韻を残すといった日本の美学や禅と関連する概念でもある」

たしかに、美塾のメイクはほとんどすべての手数が残心のようなテンション0で始まり、残心のようなテンション0で終わる技術でした。

ですが、この言葉の持つ意味の美しさや深さにすっかり魅了され、手つきだけのことではなくなってきたのです。今では最上級クラスの授業の1つにもなっており、残心という概念の素晴らしさを教えることを通して、日本文化の素晴らしさも生徒様にお伝えしたいと思っております。

残心に関するこんな気付きがありました。とある繁華街で見かけた出来事です。社長さんとおぼしき男性をお見送りしているクラブのママさんとチイママさんがいました。無事、社長さんをタクシーに乗せ、走り出すタクシーに手を振っています。

「お客様が見えなくなるまでお見送り」

これはおもてなしでよく言われていることで、ママさんとチイママさんもそれを実践していました。つまりここを見れば、いいおもてなしだと言えますよね。ですがこの2人、笑顔で見送りながらこんな会話をしていたんです。

ママ「あの人、前回いつ来たの？」
チイママ「もう2ヶ月以上前ですねぇ。会社もそんなによくないみたいです。終わってますよ」
ママ「不景気ねぇ」

そしてタクシーが角を曲がり見えなくなるや否や、くるりと身体をひるがえし、両手をグルグル回してから頭上に伸ばし「うぅ――っ！」とのびをしながら、
「さぁー戻ろ戻ろ！」
とお店に帰っていきました。

もちろん、とても美しく素晴らしいママもたくさん存じ上げておりますが、たまたまその見せかけのおもてなしを目撃してしまった僕は「世知辛い世の中だなあ〜」と思いました。

ちょうどその事件から1週間ほど経ったある日の昼下がり、今度はお花屋さんの前を通ったときにまた別の事件が起こりました。

誰かのお誕生日でしょうか？　それともなにか友人にお祝い事があったのかな？　嬉しそうに花束を抱えた女性のお客様と、そしてそのお客様を嬉しそうにお店の外までお見送りをしている、これまた女性の店員さん。

「ありがとうございました！」

透き通るようなよく通る声。そして手は前に組み直立不動、なにより嬉しそうな笑顔でお見送りしています。

「あ、この光景こないだ見たな」

と、この類いの出来事には一段と好奇心たっぷりの僕は、なんとなく事の顛末《てんまつ》を見守っておりました。しばらくして、女性のお客様が角を曲がりました。通常ならお見送りはここで終了です。ですがそこで、思いがけない光景を目の当たりにしたのです。

お花屋の店員さんは、その直立不動で嬉しそうな笑顔のまま、名残惜しそうに

「誰もいなくなった通りに一礼」

して、これまた名残惜しそうにお店へと戻っていったのです。僕はそのシーンの美しさに心を奪われました。

社長さんはママとチイママが話していた内容ももちろん知らないでしょうし、角を曲がったとたん、のびをしたことも知らないでしょう。でもなにかしら影響がありそうじゃないですか？

一方、花束を抱えた女性も、自分が角を曲がった後、お花屋の店員さんが一礼をしていたことは知らないでしょう。でもなにかしら影響がありそうじゃないですか？

どんな想いで、誰もいない道に一礼したのでしょうか？　あのシーンは今もこうして、僕に成長の種をくれています。

もちろんこのことだけで伝えるには、あまりに意味の広がりや深みがあるのが「残心」だと思います。ご自身だったら、どんなときにできるでしょうか？　朝、旦那様を送り出すとき？　ＳＮＳでメッセージを送った後？　ドアを閉めるとき、お友達と別れるとき……。ぜひとも自分なりの「残心」を探究してみてください。

そしてメイクに話を戻しますと、このお花屋さんのようにすべての手数において名残惜しそうに手やブラシを顔から離していただきたいのです。

茶人、千利休先生もこのような道歌を遺しております。

何にても置き付けかへる手離れは恋しき人にわかるゝと知れ

茶道具を扱うときは好きな人と別れるときのような余韻を持たせなさいという歌です。つまり好きな人と別れるときのような余韻を、メイクのすべての手数に持たせるのです。きっとあなたのメイクをする所作が変わり、仕上がりが変わり、そして精神が変わることでしょう。

Point
すべての手数に、
好きな人と別れるときのような余韻を

19
メイクで左右対称が不可能な理由

「右眉のほうが眉山が低いんです」とか「左目だけ一重なんです」などと言った質問を受けることも多いです。
ですがそのときに

「左右対称になんてしなくていいですよ。
むしろしないでください」

とお伝えしています。

それはどうしてだと思いますか？

「三次元において左右対称にするには、材料が足りないから」です。つまり、本当に顔を左右対称にしたいなら、

粘土かパテが必要になってきます。

メイク道具という、表面に色を塗る道具だけでは、三次元上で左右対称にすることは、物理的に不可能なのです。

ではどうしてメイク業界は「左右対称」がいいと言ってきたのでしょうか？

それは二次元の写真撮影において正面顔だけなら左右対称にできるからです。

たとえば、左右対称な眉になりたいとして、右顔のほうが奥行きが急だとします。その場合、右眉の眉尻を最後まで太めに描きます。

すると、正面から見たら左右対称に見えるように仕上がりました。

ではこれを左ナナメ45度から見てみるとどうなるか？　変わらずキレイな眉に仕上がっています。それでは右ナナメ45度から見てみましょう。どうなるか？

使いかけのクーピーみたいになります。

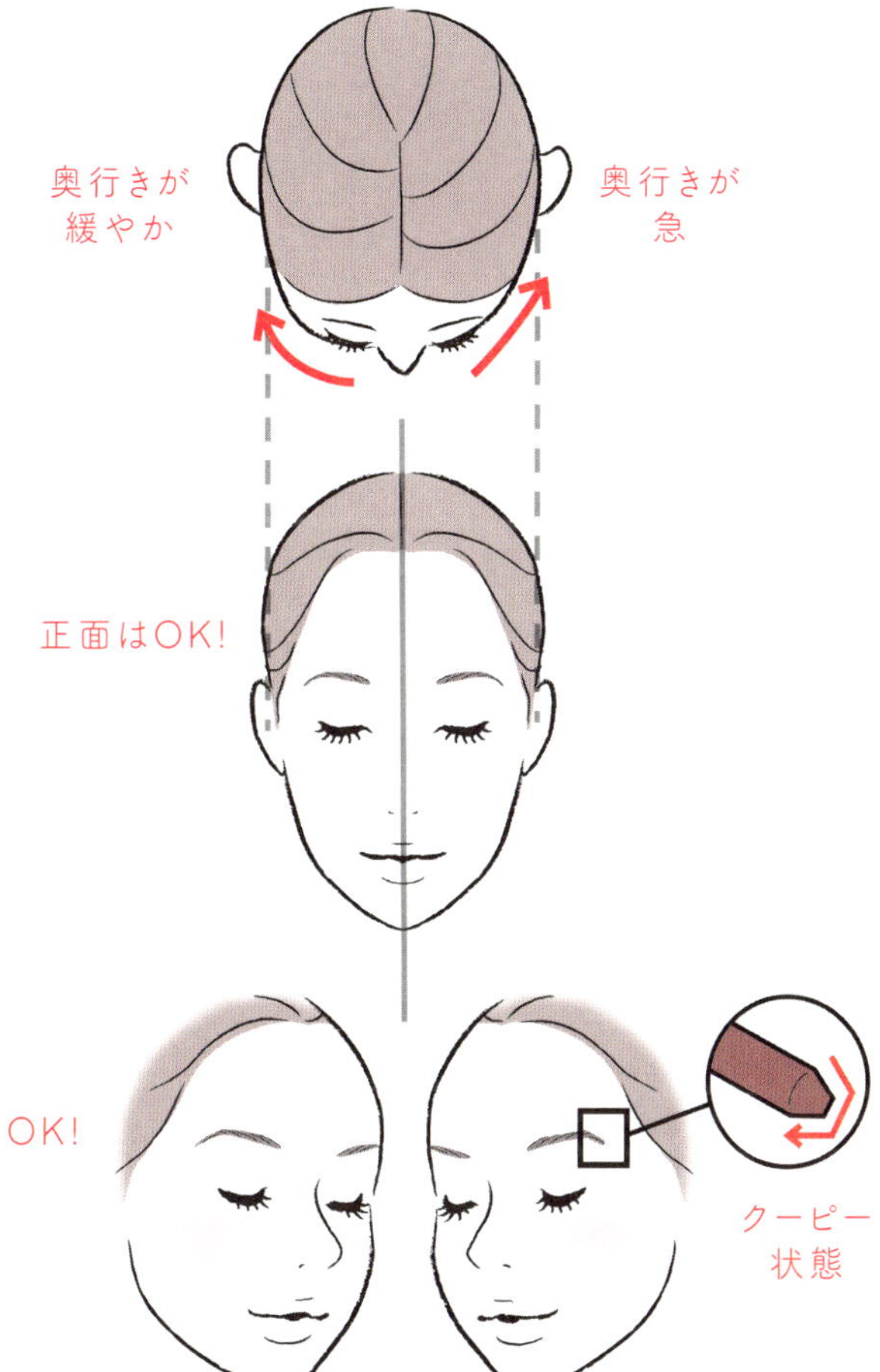

つまりメイクで左右対称にすることが可能なのは、正面顔という1つのアングルだけなんです。

さらにもう1つ理由があります。僕たちは、

左右対称の人を美しいとは思っていないのです。

マリリン・モンローを美しくないと思う人は少ないでしょう。

改めてマリリン・モンローのお顔を見てみてください。

実は彼女は斜視なんです。他でもない顔の中で最も中心的な存在と言ってもいい目が左右非対称なんです。気付いていましたか？

そうなんです。僕たちは人の顔を見るときには基本的に左右対称かどうかは見ていません。ですからそもそも気付かないし、むしろ左右非対称な顔を美しいと感じたり、セクシーに感じているようなのです。

アメリカ人の写真家、アレックス・ジョン・ベック氏が手がけた『BOTH SIDES OF』というWEB上で公開している写真集があります。(http://alexjohnbeck.com/project/bothsidesof_versions)

それはどんなものかというと、自分が撮影したモデルさんや人々の顔の左半分だけを使い、右半分は完全なるシンメトリー(左右対称)にするためにコンピューターのグラフィック機能を使って作成。同じように、右半分の顔だけは本物を使い、それに合わせてシンメトリーな左部分をコンピューターで作成した、というものです。そして、人工的に作ったシンメトリーな顔と、オリジナルの顔を比べてみたところ、ほとんどの場合、オリジナルの顔のほうが美しかったのです。

彼は当初、シンメトリーの美しさを証明するために写真集を作ろうとしたのにもかかわらず、今まで知らなかった新たな事実「アシンメトリー(左右非対称)の美しさ」に気付かされることになります。

結果的に、当初の目的とは違う「人は完全ではないから美しいのだ」というメッセージが込められた写真集に仕上がったのです。

いかにメイクにおいて、左右対称を意識することが効果的でなかったかを感じていただけたのではないでしょうか？

もう左右対称に悩まされる必要はありません。

それぞれに最高の左顔、最高の右顔を目指しましょう。

Point

あなたの顔はアシンメトリーだから、美しい

Part 4

「魅力」とは
こんなにも違うもの

20

魅力にあったメイクをしよう

顔の形に合わせて手を動かすこと、すべての手数に名残惜しさを持たせることだけでも、本来持つお顔の特徴を一切ジャマしないメイクになっていきます。つまり、どんどんあなたが本来持っている魅力を、さらに引き出すメイクに自動的に仕上がっていくのです。

ここではさらに魅力別に、どんなことに気をつけてメイクをすればいいか、さらにそれぞれの魅力が引き出されるか、またどんなファッションが似合うか、NGパターンは？などをさらにお伝えしてまいります。

凛

凛のメイク

凛の魅力を引き出すメイクで最も大切なのは、眉とアイラインとビューラーとマスカラをしっかり入れ、濃いところをしっかりと濃くなんだけど、黒よりもスモーキーでマットなダークグレイで仕上げるとベター。

それ以外はむしろ余計なことはしない。アイメイクの色味は、明るさよりも深みが出るように、入れたか、入れていないかわからないくらいがちょうどよい。チークもしかりでピンクやオレンジと認識できるようなハッキリとした色はもちろんNG、ほとんど赤みとして認識されない程度の肌になじむベージュやブラウンがベター。リップも基本的にはマットなベージュやベージュピンクに。ツヤツヤしすぎはNG。ベースメイクもあまりツヤツヤしすぎず、セミマットくらいに落ち着かせた仕上がりがベター。

凛の魅力を引き出すメイクのキーワード

直線美、社会的、深み、マット、グラデーション、アジアンビューティー、グレイ、ベージュ、スモーキー、ネイビー、強さ、シャープさ

凛のファッション

縦のシルエットが映えます。すっきりとしたファッション。ボーダーよりストライプが

似合います。パンツも似合いますし、スカートもなるべく縦のシルエットがすっきり出る形が似合います。

ファッションになると一転して、マットなものよりキラキラしたものが似合います。コットンよりシルク、ナイロン素材もスゴく似合います。シャツはパリッと固め、襟は長めがいいです。ジャケットはラペルが狭いデザインが似合います。

お着物でも、帯全体に柄が入っているものより、一部に入っていたり、お着物自体もナナメに柄が入っているような、縦の通り道があるとステキです。

丸首よりも断然Vネックが映えます。Vは結構深めでも、だらしなく見えないです。ノースリーブは全般的に似合います。ハイネックかタートルネックかVネックが似合います。重ね着が似合います。レイヤードを楽しみましょう。

黒髪も似合います。ストレートのロングも似合います。ボブなら断然前下がり。

アクセントとして、マフラーやストールはとても相性がいいです。小さくテロンとさせるのは逆効果。長めか大きめで存在感のある巻物でしたら、垂らしても巻いてもGOOD!

一概には言えませんが、お似合いになる色として、モノトーン、ネイビー、青、青みの強いパープル、シルバー、シャンパンゴールド、赤……があげられます。

【注意】メイクのときはあったベージュがファッションにはありません。ここがメイクとファッションの違いで、パーソナルカラー診断でも、この違いをしっかりと提案できる方の指導を仰いでくださいませ。

基本的に素材も色も「未来」を感じさせるものが似合います。

凛のNGファッション

給食係の服装、前髪ぱっつんで全体的に耳くらいの長さのおかっぱ、大きめの水玉、キャンバス素材で明るめ暖色系の膝上丈台形スカート、ちびまる子ちゃんみたいな恰《かっ》好《こう》、しずかちゃんみたいな恰好、キッズブランドのファミリアさんみたいな恰好、生成りオフホワイトでくたっとした襟が短めのシャツ、キティちゃんなどが描かれた靴下、首ギリギリまでせまった丸首のTシャツ、ダボっとした大きめのスウェット、ほとんどすべてのスニーカー。

艶

艶のメイク

艶の魅力を引き出すメイクで最も大切なのは、眉を太くしっかりと描き、唇に深みのあるツヤを出すこと。

チークもしっかり広く大きく深みのある華やかな色味を入れる（モーブやブラウン、テラコッタ）。アイメイクもゴールドやブラウンやパープルで深み＆パールで仕上げる。目の際は赤みの強いブラウンかパールの入ったブラックでエキゾチックに。決して淡く終わらせずにしっかりと深みを足すこと。

唇にはコーヒーにミルクを少し入れたような色合いや、アルゼンチンの泥みたいな色などがGOOD！（大丈夫です！　僕もアルゼンチンには行ったことがありません。あくまでイメージです）粒子の細かいゴールドのパールもGOOD！　深み華やかコク、濃厚さ。軽さや明るさはNG。細いもNG。

艶の魅力を引き出すメイクのキーワード

曲線美、社会的、深み、パール、グラデーション、ブラウン、ベージュ、ゴージャス、エキゾチック、パープル、ゴールド、太さ、丸み、コク

艶のファッション

横のシルエットが映えます。どこかにボリュームを出したら、どこかのボリュームをおさえるとバランスが取れます。一番カンタンな方法としては、トップスにボリュームを出したら、ボトムスをタイトにする、という考え方です。

トップスだけで見ても、身頃はタイトだけど、袖はボワッと膨らんだりしているとGOOD！

ヘアスタイルも横にボリュームが広がっているスタイルが似合うカテゴリーです。

ノースリーブでタートルネックのニットも似合います。

【注意】ただしタイトなものではなく、モコモコしたもの。肌の露出も一部だけが望ましいです。腕を出すなら足をしまう。足を出すなら腕をしまう。へそを出すならひざをしまうなど。

カシミアやスウェードなど、上質な素材、上質に見える素材がとても似合います。フェイクでも見た目がキレイならＯＫ！　むしろ着ている服のグレードまで上げる力があります。ジュエリーも小さいリアルジュエリーをつけるよりフェイクでも大きめをつけたほうがとっても華やかさが増します。小さいダイアモンドより、断然大きいスワロフスキーです。いっそ、どこから流れてきたのかわからない流木の破片にひもを通して首からぶら下げてもオシャレです。

お着物でも、シンプルなものより、これでもかっていうくらい華やかないろいろな色が入ったものが映えます。艶の方がシンプルなお着物をお召しになると、旅館の仲居さんみたいになります。もったいないのです。

洋服でも、柄は断然大きめがＧＯＯＤ！　ワンピースに入りきらないほど大きい柄でもいいくらい。規則性のない柄のほうが似合います。プリント柄は大歓迎！　もちろん無地も似合います。

一概には言えませんが、お似合いになる色として、ベージュ全般、ブラウン全般、ゴールド、デニムカラー、ネイビー、グレイ、青、赤みの強いパープル、からし色、少し深めのグリーンがあげられます。

ちょっと不良っぽいファッションか、ハイソサエティなファッションが似合います。

艶のNGファッション

半袖ブルマ、シルバニアファミリーみたいな恰好、リクルートスーツ、スクール水着、溺《おぼ》れた子みたいにぺったんこな髪型、前髪ぱっつんで全体的に耳くらいの長さのおかっぱ、明るすぎるヘアカラー、ツインテール、全身タイトなファッション、全身タイツ、ちびまる子ちゃんみたいな恰好。

萌

萌のメイク

萌の魅力を引き出すメイクで最も大切なのは、初恋チーク！　好きな人とバッタリ逢ったときみたいに赤らんだほっぺをチークで再現しましょう！　明るめ強め（淡めもOK！）のピンクをしっかりほっぺのど真ん中から放射状に広く丸く入れましょう。特に頬の中央から見て上内側（目と鼻筋の間の三角地帯）にはしっかりぼかしましょう！　好きな人と逢ったときのような仕上がりになります。

眉を小さめにふんわりと曖昧《あいまい》に、アイメイクはラインとマスカラの黒さのみ強調し、他の色は使用しない、もしくはホワイトのアイシャドウ、まつ毛がくるんとしっかり上がっていることが重要、マスカラは根本にしっかり、毛先はNG！　リップはベージュか淡いピンクで丸く。グロッシーもよし、マットもよし。メインに入れたチークのさらに上、目との間に、さくらみたいな淡い淡いピンクのチークをプラスすると初恋度30％UP！

眉をしっかり長く描くのは魅力にちっとも合いません。

また、不要なアイシャドウのグラデーションもかえって萌のあどけなさが半減されてしまいNGです。

萌の魅力を引き出すメイクのキーワード

曲線美、幻想的、明るさ、ラブリィ、チャーミング、天使のよう、ふんわり、メリハリ、ホワイト、黒、ピンク、ぷるぷる、影NG、グラデーションNG

萌のファッション

丸みのシルエットが映えます。バルーンスカート。大きめのボタン、パフスリーブ、襟も丸いタイプが似合います。靴のつま先も丸いほうが間違いありません。

シフォン系はトップスもボトムスも似合います。ニットもタイトなシルエットよりもこもこした膨らんだシルエットが似合います。

膝上丈のスカートでボリュームのあるもの全般が似合います。キャンバス素材で明るめ暖色系の膝上丈台形スカートもOK！

水玉、ドット、ボーダー（なるべく太い幅）、ワンポイント、似合います。

アンサンブルニット、似合います。女子アナさんっぽいファッション全般似合います。

アクセントとして、マフラーやストールはとても相性がいいです。細いのと短いのは逆効果。長め太め大きめで首が完全に埋まるくらい巻くのがGOOD！　また、携帯ショップの店員さんみたいにちょこんと巻くのもGOOD！

アクセサリーもティファニーやスタージュエリーなどにありそうなちっちゃいモチーフ（ハートやクロス）のネックレスが似合います。

一概には言えませんが、お似合いになる色として、白、黒、パステル全般（淡いピンク、淡いイエロー、水色、淡いグリーン、淡いラベンダー）、ピンク全般、ベージュ、淡いグレイ、何色かわからないくらい淡い色があげられます。

可愛らしいアイドルのような、天使のようなファッションが似合います。

萌のNGファッション

タイトなノースリーブニット（宇宙人みたいになります）、大きいアクセサリー（金メダルみたいになります）、膝下丈のスカート、ロングのトレンチコート（お父さんのを勝手に着たみたいになります）、原色、ブラウンカラー全般（すべてではないですが気をつけましょう）、細いロットで巻いた強めのパーマ、上のほうで束ねるお団子スタイル（顔と合わせてホントに団子みたいになってしまいます）、髪をきつくしばる、いわゆるひっつめヘアスタイル全般、峰不二子さんがするファッション全般、真顔。

清

清のメイク

清の魅力を引き出すメイクで最も大切なのは、飾らない美しさ。アクセントを作らない仕上がり。

ナチュラルな眉、生えたままのラインを大切に、長めにすらりと描きます。幻想的な淡い色のアイメイク、目の際は強調しすぎないグレイ。マスカラも華美だとNG、リップは健康的なツヤ程度、チークは淡いサーモンピンクなどでふんわりと仕上げます。大幅にカットされた眉はNG。ほとんど生えたままの眉を残しましょう。人によってはビューラーもしないほうがいい人もいます。

かといって手を抜くと、それはそれで目立ってしまうのが清の特徴です。なにもしていないかのような仕上がりを、丁寧にフルメイクで仕上げることが大切です。

清の魅力を引き出すメイクのキーワード

直線美、幻想的、明るさ、透明感、安心感、妖精のよう、ナチュラル、ふわふわ、グラデーション、黒NG、グレイ、淡いグリーン、淡いオレンジ、淡いピンク

清のファッション

くたっとしたシルエットが映えます。柔らかい素材、シフォン、レース、ニット、透け

る素材も似合います。形複雑（くたっと）、色シンプルが似合います。形シンプルも基本似合います。無地が似合います。

羽、真珠、お花、葉っぱ、など、そのまま自然界に存在するモチーフが似合います。

コットンや麻で、襟の柔らかい生成りのシャツが似合います。羽衣、似合います（売っているのでしょうか？：）。テロン、すとん、くたっとした、マキシスカート、似合います。

デニムは薄い色で柔らかいものを。ニット全般、モヘアニットＧＯＯＤ！　深いＶネック似合います。

くせっ毛みたいなゆるい巻き髪、似合います。ロングストレートも似合います。ワンレンよりレイヤースタイルのほうが似合います。

一概には言えませんが、お似合いになる色として、白、アイボリー、ベージュ、グレイ全般、何色かわからないくらい淡い色、パステル全般（淡いピンク、淡いイエロー、水色、淡いグリーン、淡いラベンダー）、シャンパンゴールド、ゴールド、ピンクゴールド、プラチナシルバー、グリーンがあげられます。

女神様のような、妖精のようなギリシャ神話に出てきても違和感のなさそうなファッションが似合います。

清のNGファッション

黒地にはっきりとした柄の入ったデザイン、色のコントラストが激しいデザイン、プリント柄、原色、硬い素材全般、新しい硬いデニム。タイトなノースリーブニット（宇宙人みたいになります）。ロゴが目立つようなブランド品。細いロットで巻いた強めのパーマ。髪ボサボサなど本当になにもしない（経済的に問題があるように見えます）。峰不二子さんがするファッション全般、真顔。

それぞれ魅力別に書かせていただきました。ただ、これらが決して黄金法則なわけでも答えでもありません。これもまた新たな刺激にすぎません。ここに書かれているもの以外でもお似合いになる色も、ファッションもありますし、NGパターンに書かれているものを、ステキに着こなす方もいらっしゃることでしょう。

NGパターンはふざけて書いたわけではなく（ちょっとネタも盛り込みましたが）、こんな書き方をしなければ誤解のないような表現ができないと思ったため、少し過剰な表現で書かせていただきました。それくらいはっきりとしたNGというものは少ないのだと改めて思いましたし、みなさんの可能性を限定したくないのです。

みなさんが縮こまってしまうような本ではなく、みなさんがもっと自分を表現したくなるような、解放的な本にしたかったのです。

よっぽどのことがなくてはNGではないのです。そして自分のざっくりとした方向性は感じられたかと思います。後はそこに向かって歩みを進めることです。

大切なのは、正解を身につけることではなく、自分の魅力を活かすメイクやファッションはなにか？という問いをし続けること、そしてたくさん試して精度を上げることです。

Point

魅力に合ったメイクは、
あなたを生涯支えてくれます

21
魅力を活かして人生が変わった人たち

それでは、実際に自分の魅力に気付き、その魅力を活かして生きている人たちは、どんな価値観の変化を遂げ、そして現在どんな人生を送っているのでしょうか？

ここで各魅力の修了生から、もともとどんな価値観だったのか？　そこからどんな発見があったのか？　そしてどんな変化があり、そこからどうなって、今どんな心境なのか？をお聞きしたものをご紹介いたします。

1つ気をつけていただきたいのですが、こちらをただの体験談として読まないでくださいね。これもあなたがあなた自身の魅力に気付くためにご用意した、インパクトであり、新しい価値観との出逢いなのです。

診断で出た、ご自身と同じ魅力の人の体験談はもちろんのこと、読んでいて感情移入する方が他にいたなら、その要素があなたにもあるということ。ですから、魅力診断をする前にこちらを読んでみて、どの体験と自分がシンクロするかを確認してみるのもアリだと思います。

どちらにしても、この体験談を読むだけでワープするように疑似体験をし、あっという間に自分の魅力に生きることを始める人もいますので、ぜひそうなるつもりで読み込んでみてください。

〔魅惑の凛体験〕

まず初めに、凛の魅力の修了生、ジュエルさん（仮名）です。

ジュエルさんは2人のお子さんを持つ、40代の司法書士さんです。

初めて来たときから、テキパキとクラスの取りまとめなどをしてくださるリーダー的存在でした。その活発さから、すでに魅力を受け入れているようにも思えましたが、メイクをしている印象はなく、とても中性的な雰囲気の方でした。

改めてお話を聞いてみて
「彼女でもやっぱりそうだったんだぁ」

と感じる体験談でした。

そんなジュエルさんのこの気持ちの変化を自分と重ねながらお読みくださいませ。

「なんか最初怒られそうで声かけられなかったんです」

「目力ありますよね〜。宝塚の男役とか似合いそうですよね〜」


言われるたびになにがそんなに強そうに見えるのだろう、なにがいけないのだろうと悩み続けて、数十年。そして2010年に美塾に出会いました。

美塾でのレッスンを通じて、私が私の外見を受け入れ、外見に根ざす私の魅力を、自分に許可することができました。私は私の魅力から一生懸命逃げようとしてたこともわかりました。私の笑顔が、私の魅力が誰かを幸せにしている？とまで思えるようになりました。

いつも利用している有人駐車場のおじさんは
「貴女の笑顔を見るのが楽しみだから、満車でもなんとか停《と》めてあげるからいつでもおいで」

と言ってくれます。ホームページを見てご依頼くださったクライアントさんに、

「どうしてご依頼くださいましたか？」

と聞くのですが、最近、男性の方からの答えで一番多いのが、なんと
「写真を見て素敵だったから」

なんです。

メイクもわからず、スカートも穿きたくないと思いながらもどうして美塾に飛び込んだのか自分でもよくわかりません。でもきっとそれはなにかを感じていたから。

その頃の私に
「そのなにかは間違ってないよ！

その向こうにあなたが想像できない未来があるよ」

と伝えたいです。


そんな彼女は美塾に来てから、講演依頼が爆発的に増えたそうで、講演に行くと、その場で「次はうちでもお願いします！」と言われ続けて、各地で講演をなさっております。

また、凛の魅力を放ったまま、女性らしさもぐんと増していかれて、女性性の開花といった印象を受けました。

そんなジュエルさん、15歳の息子さんがこの春、オーストラリアの高校に進学を決めま

した。徐々に子どもさんが自立していくジュエルさんの今後がますます楽しみです。

〔覚悟の艶体験〕

続きまして、艶の魅力の修了生、ヴァネッサ（仮名）です。

ヴァネッサは3人の娘さんを持つ、40代の奥様で、経営者のご主人と一緒にお仕事をなさっています。

テレビで見かけるどの芸人さんよりも面白いヴァネッサ。いつも面白いながらも、ハッとさせられる質問をしてくれます。


8歳頃からセクハラの被害に遭うことが多く、女性らしさを前面に出すことを無意識に封印していたようです。半面、女らしい大人の女性への憧れもあり、矛盾を抱えていました。好きな異性からは、人間として信頼され、親しくなるのですが、女性としては決して見られることがありませんでした。

本当は、自分自身が精神的に頼りたいのに、素直になれない自分がいました。美塾で艶と診断されたときは、驚いたものの、とても嬉しかったです。女らしい女性に憧れていましたから。この診断をきっかけに、自分自身が解放された気がしました。

今では、艶という自分の魅力を発揮して生きることが楽しくて仕方がなくなりました。唇に潤いは必須《ひっす》になりました。

自分に余裕が生まれたからでしょうか、周りの優しさを素直に受け取れるようになりました。あれほど人を裁いていたのに、すっかり裁くことへの興味を失いました。

近頃は親しい友人から姐《ねえ》さん、師匠、親方などと呼ばれます（笑）。そういう雰囲気があるのであれば、常に堂々とし、他者を全面肯定し、勇気と安心感を与え、より愉快な人生の水先案内人でありたい。

それこそが艶として生まれた私が、社会の役に立つ1つの道なのではないかと思っています。

いつもその場を笑いの渦に巻き込むヴァネッサが、胸の内にこんな想いを秘めていたとは、見抜けませんでした。

「本当は、自分自身が精神的に頼りたいのに、素直になれない自分がいました」

なんて切なくも美しいあり方でしょう。

そういった日々を乗り越えて、今度は笑いと同時に、色気まで放つようになったヴァネッサを、それでもいつだって、その場を最高の空気にしようと努めるヴァネッサを、僕は心から尊敬いたします。

［脱力の萌体験］

さらに続きまして、萌の魅力の修了生、フリルちゃん（仮名）です。

フリルちゃんは30代、某大手のキャリアウーマンを経てライターとして独立した頃に美塾と出逢いました。

初めて会ったときから準備や片付けを手伝ってくれる、とても気の利く、愛嬌《あいきょう》のある、それでいて真理を探究する才女です。

私の顔にはパンチがない。美塾に通う前は、顔のどこに色を足すといいのかわからず、いつもベージュのアイシャドウ。化粧品売場でしてもらうメイクは眉も口紅も濃すぎる気がして、なんか自分じゃないみたい！

憧れだった外見は、魅力マトリックスの「凛」。年を重ねればその雰囲気が出るはずと期待していたのだけど、アラサーを迎えてもパッとしない！　かっこよくなりたくて、いつも暗い色の服を着ていました。

美塾に通って、「萌」とわかったとき、「そこに進んでよかったんだ」と思いました。「私、今までよく頑張って生きてきたね。ありがとう」

真面目《まじめ》・負けず嫌い・完璧主義。天然な一面もあるけれどそれを認めたくない。私はキャリアウーマンでなければならない！　夫に気配りする余裕はなく、平日は見えない敵と闘ってヘトヘトでした。

ところが「萌」を認めたら、自分の顔も性格も可愛く思えてきたんです。

昔は100%の気力・体力を外で使い果たしていたのに、「もっと夫と家で楽しく会話したい」「手作りのご飯を一緒に食べたい」「自分を満たすことにもっとパワーを割きたい！」と心から思えるようになりました。


「なりたかった自分」は、「なるべきだと思い込んでいた自分」でした。あくせく働かず、生きたいライフスタイルを生きていいんだ！　やりたい仕事していいんだ♪

今までずっとそばで見ていてくれた夫にはただ感謝。

今も、隣の芝生が青く見えるときがないといえば嘘《うそ》になるけれど、そういうときは自分の魅力を忘れているからだと思えます。

これを書いている今も泣きそうなくらい、美塾は人生の恩人です。

毎日チークを入れる時間がたまらなく楽しい。また今日もこの笑顔に出会えたと思える私、最高！　あのとき1歩踏み出した自分に、感謝状を贈りたいです。

『もっと夫と家で楽しく会話したい』

『自分を満たすことにもっとパワーを割きたい！』

と心から思えるようになりました」


萌の方がこの感覚に至るのは並大抵のことではありません。

昔から認められたいと思うがあまり、もはや認められたいという意識すら自然すぎて自分に溶け込み、一体結局誰に認められたいのかわからなくなって永遠により高く、を求めているかもしれないのです。

深呼吸して、周りを見てみてください。

みんなあなたを見守っていて、あなたがなにをしていようが、なにもしていまいが、あなたを愛してくれているんです。なにもできなくてもいいんですよ。

あえて言うなら、幸せそうにしていてほしいです。

「まだもっと！　まだもっと！」を卒業したフリルちゃん。

彼女のリラックスした笑顔は最っ高に可愛いです!!

フリルちゃん、おめでとう!!

〔屈服の清体験〕

最後に、清の魅力の修了生、スウェル（仮名）です。
スウェルは国語の先生。いつも美しい日本語でお手紙やメールを送ってくださいます。
そんなスウェルが、好きではなかった自分の顔とどう向き合い、乗り越えていくのか？
プロセスを自分と重ねてお読みください。

美塾と出会う前、私は自分の顔が好きではありませんでした。いつも華やかな顔立ちの人が主役で、平たい顔族の私は脇役的ポジション。他の人の顔をうらやましく思ってばかりいました。
美塾の魅力マトリックスのレッスンでも、案の定、一番なりたくないと思った清の魅力に見事合致。頑張って人の気を引こうとして奇抜なメイクをしても、凛・艶・萌の人たちの華やかな美しさに全然叶《かな》わなかった理由がこのとき初めてわかりました。

清の魅力は透明感を活かすということでしたが、私は透明になんかなりたくありませんでした。ただでさえ存在感が薄く、名前も顔もなかなか覚えてもらえないのに……。


しかし魅力マトリックスの冊子には、「自分の魅力を極めればエクストラステージに行ける」と書かれていました。

清を脱するには、矛盾するようですが清に徹するしかないと覚悟を決め、清の魅力を活かしたメイクをしてひたすら透明になることを意識しました。

するとなぜか、見失われるどころか逆にみんなから注目され、キレイだと言ってもらえるようになったのです。

美塾で知り合った同じ清の魅力を持つ他の友達も、あの冊子に書かれていた通り、みんな魅力がアップすると、清＋他カテゴリの魅力も兼ね備えるようになっていきました。

しかし私はその頃には不思議と、他の魅力に挑戦するよりも、やっぱり自分には清らしい雰囲気が一番似合っていて素敵だと思えるようになっていました。

今では、他でもないこの顔に生まれてきたことを本当によかったと思っています。

そしてなにより、自分と異なる魅力を持つ人のことも、羨むのではなく心から美しいと思えるようになりました。

自分で見るよりも人に見られることのほうが遥かに多い自分の顔。顔は人のためにあると言っても過言ではないと思います。

清の魅力はお布団のようなもので、お布団は、「お布団だぞー！」と激しく自己主張しなくても、ただそこにふんわりとあるだけで心惹かれます。

清の人と一緒にいると眠くなってしまうという人までいますが、きっとそれだけ癒し効果も高いのでしょう。

私はこれからも、自分のためだけでなく出会う人のためにも、この魅力を大切に育《はぐく》んでいきたいと思っています。

「屈服」というと、ネガティブに取る方もいらっしゃるかと思いますが、特に清の魅力の方々には、この感覚がとても大切で、

「そっかぁ、そうなんだぁ〜」

と、諦《あきら》めることが大切です。
「サレンダーする」とも言います。
天に委ねるといった感覚でしょうか。
すると清の方から、なんとも言えない安心感が漂います。

スウェルは、途中から好きではなかった自分の魅力を受け入れ、表現し始めました。
するとあれよあれよと結婚を決め、今では愛のこもった手料理で、旦那様の減量をさせるばかりか、旦那様が手料理を始めるなど、旦那様育成も成功され、さらに人生を楽しんでいる様子が、ときおりFacebookに流れてくる旦那様のエプロン姿から伝わってきて、なんとも幸せな気持ちになります。

そんなスウェルから修了時にいただいた手紙も、転載いたしますね。

内田先生

スウェルです！
今日はありがとうございました。

美塾に来るまでは
毛穴あるし　ニキビあるし　ほくろあるし
一重だし　おでこ狭いし　鼻低いし
顔丸いし　眉毛高いし　目小さいし……
って思ってました。

それは今でも変わらないけどそれがなにか？
私はこの顔が好きでこの顔で生きる毎日が楽しい。

だから明日の朝もしも顔がエビちゃんになっていたら
私は泣くと思います。
私の顔を返してって。
あの顔が大好きなんだって。

今自分の顔をかけがえのないものに
思える人生を送れているのは
まぎれもなく内田先生のおかげです。
ありがとうございます。

こんな人生があるんです。

こんな境地があるんです。


誤解を恐れずに申し上げるなら、スウェルは自分の手紙にもあるように、いわゆる世間が定める理想とする顔立ちではないかもしれません。

そして自分の顔が好きではありませんでした。


そんなスウェルが、整形をしたわけでもなく、別人になるようなメイクを身につけたわけでもなく、むしろメイクは前より薄くなったにもかかわらず、自分の顔が大好きなんだって思えるようになったのです。

いかにそれだけの思い込みがあるかってことです。

女性たちほとんど全員が、この思い込みにどっぷり首まで浸かっているんです。

抜け出せますよ、全員。1人残らずです。

抜け出した先にある世界は、圧倒的に色鮮やかで、圧倒的に温かくて、圧倒的にエキサイティングで、圧倒的に愛と感謝に満ち満ちていますよ。
あなたも、もうすぐ、です。

Point

魅力に生きる人生は美しい

Part 5

あなたの「魅力」を磨くヒント

22

「春だからピンク♡」それホント？

だんだん魅力の大切さ、魅力を表現して生きる素晴らしさを感じていただけていると思います。

僕は始めに魅力ありきで、本来持つ魅力に似合う範囲内で、季節や流行をおさえるべきだと思っております。

季節ごとにメイクアップカラーを大胆に変える知人がいらっしゃいました。その方は秋だけとっても可愛くて、春と夏と冬は少しもったいないお顔をしていました。

理由はカンタン。秋に出るような色が似合う方だからです。であれば1年通して、秋に使うような色でメイクをしたらいいんです。そして馴《な》れてきたら、その範囲の色の中で季節感を出せばいいのです。

その前提で、少し季節をメイクやファッションに取り入れることについて、お話しさせていただきますね。

そもそも春はピンク、秋はブラウン、冬はブラック、など季節ごとに取り入れる色ってありますが、そんなに単純なものなのでしょうか？　僕はそうは思いません。

授業ではこういう質問をします。

「季節ってどこにありますか？」

そうすると塾生のみんなが「自然」「天気」「街」と答えていきます。
最初はありきたりな意見が多いので、そこでさらに

「ホントにー？」そういうところで感じていますか？
それは知識のことですよね？
実際には日常でどんなときに季節を感じていますか？　もっと思い出してー！」

と突っ込むと、

「空気」「スーパーマーケット」「行事」「子どもの服」

などという臨場感のある言葉が出てきて、さらには

「音」「匂い」

などという独特な感性も飛び交います。

そこで僕が、

「ではそのような要素を日々感じながら、それをメイクに取り入れていますか？」

と聞くと、ほとんどの方が「ＮＯ」と答えます。季節も流行ももっと繊細で情緒があって、それでいて身近で、毎日毎分毎秒移り変わっているもの。ですから知識で「春はピンク」なんてやったとしても、なんの情緒もありません。

ある梅雨の季節に、妖艶《ようえん》でエキゾチックな魅力の方で、でも性格は明るくあっけらかんとした魅力の、周りのみんなが大好きな生徒様がいらっしゃいました。

そんな彼女が「季節と流行」の授業で、今までにも増してグッと色っぽいアイメイクを仕上げてきたのです。ブラウンとベージュのグラデーションでなんかぴかぴかしているのですが、その濡《ぬ》れた感じがまたその方のエキゾチックさとマッチしていてとっても色っぽいのです。なんと、仕上がったアイメイクの上にグロスを少しのせたんだとか。

なるほどーと感心しながら、

「そのメイクのテーマはなんですか？」

とお聞きすると彼女は

「かたつむり！」

と、これまたあっけらかんとした笑顔で答えたのです。技ありなとてもとても雰囲気のあるメイクでした。そして、しとしとと雨が降り続けていたこの梅雨の季節との相性は抜群でした。当たり前です。梅雨には欠かせないキャストでもあるかたつむりさんのコーディネイトを拝借したわけですから。

また梅雨が明けた頃、こういう生徒様もいらっしゃいました。ほとんど色味を使わないメイクで仕上げてきた彼女。明らかにアクセントは朱色に近いオレンジがぼんやりと浮かび上がったチークでした。

「どういうテーマでメイクをしたのですか？」

と聞くと、こんな答えが返ってきました。

「このメイクのテーマは**鳥居**です」

これまたビックリです。彼女はこう続けました。

「先日山登りに行ったのですが、スギの木がたくさん生えている中、ほとんど舗装されていない道をずっと歩いていました。霧もあって、全体的にスギの木の緑もぼんやりとしていて、いつまで続くかわからない山道でした。

しばらく歩いていたら急にそのぼんやりとした緑の中で朱色の鳥居が見えてきたのです。鳥居も霧がかかっているから当然ぼんやりとしているんだけど、緑との対比でこんなに鮮やかに見えるんだと思って、その鳥居をイメージしてチークを塗りました。

また霧をイメージして、チークをつけた後、普段はつけないのですが、パウダーをうすく被《かぶ》せたんです」

まったくお見事な感性です。そんなところからインスピレーションが湧いてメイクをすることができたら、とても情緒あるたおやかな女性へとさらに成長していけそうですよね。僕たちの思う「季節」や「流行」ってそういうものだと思うのです。

そして季節と流行というのは、なにも変わりゆく季節や流行に沿ってその都度、新たに色を購入することではないと思います。

持っている色、似合う色で、似合うメイクで、その中で、季節や流行を表すことだと思います。茶道の世界では、ゴボウを鮎《あゆ》に見立てた花びら餅というお菓子で季節を感じていただくのです。その慎ましさが粋なのです。

あなたも今ここにある季節を感じて、それをメイクで表現してみませんか？

Point

あなたが感じたものが季節です

23 最少手数という考え方

美塾の授業では上級クラスに「最少手数」という授業があります。たった30手でフルメイクをするという授業です。

この授業を生み出したきっかけは短歌です。僕は10年近く短歌を習っています。NHK

大会で秀作をいただいたこともあるんです（ただの自慢です）。
短歌は31文字の文学と言われています。最少限の文字数で最大限に世界が広がるような歌づくりに励みます。僕は短歌を習いながら「これをメイクに当てはめたらなにができるかなぁ」と考えて、この授業が生まれました。

メイクの手数を減らすなんて、おそらく今まで考えたことないですよね。**通常多くの女性は一度のメイクに100手から300手お顔に触れます。**

以前お伝えした通り、実はそのほとんどはムダな手数と言ってもいいもので、やり直しを繰り返している余分な動きということになります。ほとんど全員が、今までに手数に制限がある中でメイクをしたことがないでしょうから、そもそも「最少手数」という投げかけだけで生徒様の脳の使い方が変わります。この時点で授業は半分終わったようなものです。

そして一手にかける重みが変わってきます。ただ教えるだけでは何年かかっても到達できない微細な技術というか力加減を、窮地に立たされると気付けることを、授業の内容にすることでその日その場で習得できるのです。

正直、見ていて「いいなー」と思います。もちろん時間をかけてやっと自分でつかむよさというか、それによって得られるものもありますから、一概には言えませんが、時間をかけてつかむものは他にもいくらでもありますので、この力加減を、初級中級で土台を学んでいるとはいえ、2時間で習得できるのは羨ましい部分もあります。

授業が終わる頃には、ムダな手数の多くがなくなり、受講生全員が30手でフルメイクできるようになります。腕の立つ人は23手くらいで終わります。

そしてその一連の所作はそれはそれはシンプルで美しいものです。

さらには、魅力を引き出すメイクを修得している方は、メイクをしている姿もキレイです。

あなたも意識してみませんか？　手数が少ないメイクを目指してみませんか？

Point

一手入魂でメイクをする

24 美しい人は過程も美しい

「美しさが生まれるとき、その過程も美しい」

と言われます。

さなぎが蝶になる過程。ヴァイオリニストがヴァイオリンを弾く姿。修業を積んだ寿司職人が握るお寿司の美しさと握っている職人さんの姿、立ち居振る舞い。腕の立つ家具職人ががんなをかける姿、その音。

新幹線を清掃される方の動きの機敏さ、正確さも美しいと話題になっていますね。当然仕上がりも美しい。

先ほども書かせていただきましたが、やはりメイクも仕上がりが美しくなるにつれて、メイクをしている姿も美しくなっていくようなのです。時に見る者に感動を与えるほど。

あなたのメイクはいかがですか？　あなたがメイクをしている姿を見て、人が感動するでしょうか？　それとも、とても人様に見せられるお姿ではない？　大丈夫です。これまで意識したことがなかっただけですよね。

僕たちはメイクをしている後ろ姿を見たら、大体その方の力量がわかります。

そして逆もしかりで、

「過程を美しくすれば、仕上がりが美しくなる」

とも言えます。僕たちはお教室でそのどちらも行います。仕上がりを美しくなるよう指導することで所作を磨くこともあれば、所作をご指導することで仕上がりを向上させることもあります。

僕が人にするメイク技術をご指導させていただくときは、構えのことであるとか、相手との接点であるとか、そういう指導ばかりします。メイクがどんなだったかよりもそちらを指導することで一気に解決するからです。この構えで相手と対峙《たいじ》すれば間違いない、という基本の構えがあるのです。もっと言えばその構えを採用したくなる相手との関係性が大切なのです。それが腑《ふ》に落ちるまで何度も何度も行います。

これは人生においても言えることかもしれません。今、多くの人は結果ばかり注目しているように思えます。

どんな仕事をした。収入がいくらだ。どんな順位だった。誰と仲がいいか。結婚した。ボランティア活動をしている。ブログの読者数。

そういった結果に目がいっています。自分にも、他人においても。

本当は過程にも注目をすることが大切なのではないでしょうか？　結果の美しさは過程の美しさと比例するわけです。人生における過程とは、日々の生活のことです。むしろ過程のほうが大切なのではないかと思うくらいです。たとえば甲子園で優勝したら素晴らしいのでしょうか？　もちろんそれは素晴らしいことなのですが、僕は違うと思います。甲子園で優勝するくらいの状態へと、自らを持っていった過程が素晴らしいと思います。

僕はあなたがなにを成したかを重要視していません。あなたがなにを成さんと、日々どんな生活を繰り広げているかに興味があります。

そしてそこに美しさを見たい。

Point

過程に美しさを見よう

25

美しさは機能的でもあるということ

「美しさが生まれるとき、その過程も美しい」

と書かせていただきましたが、これをもう少し解説させていただくと、美しさは機能性を帯びた姿であるという説があります。つまり美しいということは、その分、機能的でもあるということです。たとえば、ウサイン・ボルト選手は、2016年現在、世界で一番速く100mを走る選手であると同時に、世界で最も美しく100mを走る選手でもあると言えます。

あるゴルフのコーチがおっしゃいました。

「タイガーウッズ選手のゴルフスイングは
計算して作られたロボットの動きよりも美しい」

どうやら僕たちはただ理由もなく、そのものを見て美しいと思ってはいないようなのです。美しさが生まれるとき、その過程も美しいのは、**美しさが生まれるだけの機能的な過程だから**なのです。僕がメイクをするときに、手先のことではなく、肘《ひじ》の位置や丹田を意識しているかなどを指導するのは、美しさが生まれる機能として重要なポイントだからです。そしてその肘の位置をおさえてメイクをしている姿はおのずと美しいわけです。スポーツはわかりやすいですし、その意識を持たれて指導している方が多いので、たとえとしてしっくり来ますが、日々の生活ではいかがでしょうか？

掃除、洗濯、料理、ビジネス、コミュニケーション。

これらすべてにおいても言えることです。コミュニケーション（過程）が美しければ（機能的）、その人との人間関係（仕上がり）も美しくなる、というわけですね。なかなか上手くいかないことは過程を美しくしようと視点を変えてみてはいかがでしょう？

Point

過程を美しくすれば、機能性が手に入る

26

3分でフルメイクをする境地

すべてを集大成したメイクを実現させると、3分で見惚《みほ》れるほどのフルメイクを仕上げることができるようになります。もちろん派手すぎず、かといってちっとも地味ではない、ちょうどよい華やかさ、美しさです。

これも**「3分メイク」**という授業があり、受講した全員がこの日から3分でフルメイクができるようになります。「3分メイク」は上級クラスですから、もちろんそれまでに習ってきた授業があってのことで、いきなりこの授業を受けても3分でできるようにはなりません。それまでの授業で大切なことを習うからこそ、この授業の教えで完成するのです。いわば集大成とも言えます。

3分メイクというとどんなメイクをイメージしますか？

「せーの！　ガチャガチャガチャガチャガチャ!!」

といった具合にガチャガチャいそいそとメイクをするのではありません。むしろ、水墨画のような静けさ、余白の大胆さ、ムダのない構図のように、優雅で壮大、シンプルで荘厳。そんなメイクがあるのです。

2015年に美塾10周年の記念イベントが行われた際、この3分メイクを30人ほどの生徒様がステージで披露してくださいました。

彼女たちは全員上級生で、当日までさらに3ヶ月個別に練習を重ねました。

そして本番。全員の洗練されていて、かつ自由な動きは、来場されたゲストを魅了しました。

来場者の方が、

「**人がメイクする姿を見て涙が流れる**とは思いませんでした」

と感想をおっしゃったほどです。

ただのメイクですよ。あのほとんどの女性が毎朝しているメイクを、ステージでしただけなんですよ。


もしかしたらメンドクサくて、ちゃっちゃと終わらせたいと思っている、あの朝の習慣に、見る人が感動して涙を流すほどの可能性があるのです。


そしてなにより、女性全員がこの境地に辿りつけるのです。

あなたも、結果の出る知識を得て、それ相応のトレーニングをすれば、そんな朝を過ごすことができるのです。


美塾の授業を通して、たくさんの女性のメイクが進化するのを体験すればするほど、

「もしかしたらメイクにはとんでもない力が秘められているんじゃないか？」

と思わずにはいられないのです。

Point

メイクは人を感動させる力を秘めている

27 ドラマのような人生を送る

さて、もちろんメイクや外見の魅力も大切ですが、コミュニケーションも美しい女性でありたいですよね。ここから美しい女性のコミュニケーションに関して、少し書かせていただきますね。

多くの人からステキな人だと思われている女性は、会うと必ず

「あ！　逢えたぁ……♬」

というなんとも嬉しそうな顔をしてくれます。それも残念ながら僕だけではないのです（笑）。誰と会ったときでも目が合った瞬間「あ！」っていう顔をするのです。これは男性がしていてもとても人間として魅力的です。

僕が最もこのリアクションを実践していると思う師匠がいます。「可能性のない人なんていない」と全国を講演で回られ、毎日数えきれない方とお会いしている日本のリーダーの1人、居酒屋てっぺんの創業者、大嶋啓介さんです。

大嶋さんはいつ誰と会っても満面の笑顔で「おーっ！」と言います。講演が終わって、ただ聞いていた方が感想を言いに来ただけなのに「おーっ！」と嬉しそうだったり、あわよくば友達みたいな空気を一瞬で作ります。

ある日若い青年が

「お久しぶりです！　覚えていますか？」

と声をかけました。すると大嶋さんは嬉しそうに、

「おーーっ！　覚えてる覚えてる！　岐阜の！」

「いえ！　浜松です！」

「おーーっ！　覚えてる覚えてる！　そうそう!!　浜松浜松!!」

正直どう考えても、最初の岐阜は絶対当てずっぽうだと思うんです。1ヶ月に1万人は会っているでしょうから、覚えているほうが不自然です。

でも大嶋さんは絶対あっさりと「いや、覚えていませんね」という雰囲気は出さず、一生懸命相手を尊重した、相手の喜ぶリアクションをします。それもあってか「大嶋さんとは友人だから」という方が異常に多いのです。ファンではなく友人と名乗る方が多いのも、大嶋さんのそういった姿勢の賜物《たまもの》だと思います。

このリアクションを、女性が街で出逢うすべての男性に実行していると、まず間違いなくナンパをされます。ポイントは目が合ったときに「あ！」っていう顔をして、嬉しそうに一度うつむいて、そこから恥ずかしそうにゆっくりまたその人を見るんです。このコミュニケーションスキルというかリアクションを「ディスティニー」と名付けました。

「運命の人かも！」「やっと また逢えたね！」

というリアクションを日頃からし続けている人に、ドラマは訪れるのではないでしょうか？　人生にドラマのような運命的な出来事は訪れないと思ったほうがいいでしょう。それを期待しているといつまで経っても人生は退屈だからです。

ただし、ドラマはあなたから始めることができるのです。あなたのリアクションによって、相手にドラマが訪れるのです。

相手の人生にドラマを提供しませんか？

Point

ドラマは、日々の出逢いをドラマのように捉えた人に訪れる

28 タクシーの運転手さんの態度が悪いワケ

あるとき、仲間たちと話していて、

「理想のタイプってどんな人？」

という話になったとき、その中の1人でShingo Kawamura代表の河村慎吾さんが、

「真顔が笑顔な人がいいですね」

と答えました。彼は彼のお客様にもこれを伝えており、どんどんお客様は輝きを増していっていました。これも考えてみたら、いつだって笑顔な人に人は惹かれるし、いつだって笑顔な人と一緒にいたいって思うと思うんです。今では僕も、彼の言葉をお借りして教室や研修でこのことをお伝えしております。

あなたの真顔はどんな顔ですか？

もちろん笑えないときだってあると思います。「理由もなく笑うなんてバカみたい」という意見もあるかもしれません。本気の笑顔じゃないと相手をかえってバカにしているように感じるという方もいらっしゃるかもしれません。

ですが考えてみていただきたいのです。笑うだけで周りの人を幸せにできるなら安いもんじゃないですか？　笑うという行為は身体的に問題があるという方以外は、全員お金も時間もかけずに、一瞬でできる特殊能力なのです。それを活かさずになにを活かすというのでしょうか。笑わないというのなら、その代わりどうやって、人や社会に還元するのか教えていただきたいです。

やってみていただきたいのは、

「期間限定でいいので、思いっきりやってみる」

ということです。

そしていち早く周りの反応の違いを感じて、できれば味をしめていただきたいです。

たまにこういう方がいらっしゃいます。

「タクシーの運転手さんの態度が悪かった！」

とぷんぷん怒っているのです。

これは果たして、タクシーの運転手さんが100％悪いのでしょうか？

そのタクシーの運転手さんはそのとき、世界中のありとあらゆる人が乗ってきても態度が悪かったのでしょうか？　その運転手さんが吉永小百合さんがお好きだったとして、小百合さんが乗り込んできたとしても同じく態度が悪かったでしょうか？　あるいは小百合さんじゃないとしても、天使のような笑顔で「運命の運転手さん♬　このご縁をどうぞよろしくおねがいしまーす！」と乗り込んできた人がいたとして、それでも同じ態度だったでしょうか？　目の前にいる人のリアクションのすべてに、あなたの存在は影響しています。あなたの表情が影響しています。

ですから驚くほどにこやかな笑顔で過ごしてみていただき、どれだけ世界が変わるかを味わってみていただきたいのです。

そして、やるからには期間限定でもいいので、

100%思いっきりの笑顔でお願いします!!

笑顔は、あなたの魅力を最大限発揮するメイクよりも
さらに大切な仕上げです。

Point

真顔を笑顔にする

29

全員から好かれなくてもいい

先ほど、短歌を習っていると書かせていただきました。
恥ずかしながら、僕の詠んだ歌を1つご紹介させていただきます。

ハンカチで包んだはずの紋白蝶壊れた羽で部屋をでていく

内田

という歌です。皆様の心の中になにが生まれましたか？　どんな感想や印象を抱きましたか？　僕の短歌の師匠、笹公人《ささきみひと》先生はこうおっしゃったのです。

「『見手に委《ゆだ》ねる』という言葉がありまして、短歌というのは、詠む人によって解釈が変わる歌がいい歌なんです。

仮に内田さんが人生の無常を歌ったとしても、詠んだ人が『これは純愛を歌った歌ですね』と解釈をしたら、その解釈は内田さんの歌に宿るんです。

それはその歌を詠んだ内田さんにも打ち消すことはできないんです」

僕はそれを聞いて、その日本の芸術の捉え方に「なんてステキなことなんだろう」ってうっとりしました。これは短歌に限らず、日本の芸術、さらには美そのものにも言えることではないでしょうか？　表現すべきことを表現したら、後は見手1人ひとりの抱く感想や評価に委ねる。誰かにこう言われたから次回からこうする。あの人に褒めてもらえなかったからこのメイクは止めます、と一喜一憂するのではなく、自分で決める。1人ひとりの評価にとらわれない。だからといって無視もしない。見つめる。そこに自分を見つける。なかなか難しいことですけどね。

僕は誰かに嫌われることが人生で一番嫌なことでして、誰かに拒絶されたら、その誤解を解きたくて解きたくて、世界の果てまで追いかけてすがって謝って、改善するって伝えて、だからどうか嫌いにならないで！って懇願するんですね（笑。試しに拒絶してみてください。追いかけます）。

でも、実は大人になってから1人の方と結局仲違《なかたが》いをしましてですね。もう連絡取るの止めましょうってなったんです。

僕はその結論はとっても嫌だったんですけど、そのときばっかりは「もういいや」ってなってですね。諦めたんです。それで、それ以来その方とはお会いしていないのですが、なにがどうなったかというと、自分自身がとっても楽になりましてですね。そりゃ1人や2人、一緒にいないほうがお互い幸せって人おるわな、とか、こんだけたくさん自分を好いてくれる人がいるのだから、その人たちと幸せに生きたらいいんだなーって心底思えたんですね。その方にも僕以外に、一緒に過ごして幸せを感じられる人がたくさんいらっしゃるだろうし、なんだかやっと自分に出逢ったような出来事だったんです。僕の場合は未熟だったので、仲違いしたことによってやっと自分に出逢えたので、これはいい事例ではないかもしれません。そうじゃないケースもたくさんあると思います。人との関係性によって自分が浮き彫りになってくるということ。

世阿弥《ぜあみ》もこう言っています。

「能の花は演者と見手との共同作業によって生まれ、見手の心に咲くのだ」

つまりあなたの美しさは最後、見手の心に咲くのです。あなたがどんな美しさを放っているか。最後は見手に委ねてみてはいかがでしょうか？　様々な花が咲くことと思います。

Point

後は見手に委ねてみませんか？

30 客ぶりを上げる

日本では**「客ぶり」**という言葉があります。お茶事をする際にいくら亭主（招く側）が一流でも、客（招かれた側）の力量が低いとその場はいい場にはならないと言われているのです。前述の機嫌の悪いタクシーの運転手さんも、もしかしたらあなたの客ぶりが未熟だったことによる出来事だったのかもしれないのです。これは僕が心理学を学ばせていただいている日本メンタルヘルス協会の衛藤信之先生が形を変えて教えてくださいました。

「講師を殺すのに刃物はいりません。そこに座って、つまらなさそうにそっぽを向いていたら、いくらでも講師のパフォーマンスを下げることができるんです。

逆にあなたが目をキラキラさせて講師の話にうんうんと頷いて一生懸命メモをとってくれたら、講師のパフォーマンスはどんどん上がるのです」

これはまさしく日本の精神「客ぶり」を現代風にアレンジして教えてくれているのです。衛藤先生のおかげでいつでもどこでも最高のお客さんでいようと思えるようになりました。

ホテルのチェックアウトのときは、必ずお部屋をキレイにして、ゴミはまとめて出るようになりました。入ったトイレは必ず掃除をします。コンビニでも店員さんに笑顔で「ありがとう」と言うようになりました。さらには、駅のホームで歩いていても街を歩いていても、なるべく輝いた顔で歩くように心がけています。

おもてなしという言葉をはき違えてはいけないと思います。おもてなしという言葉はそういった客ぶりの上に成り立つ言葉で、お客様を怠惰にしたり、楽をさせたり、愚かにさせるようなおもてなしは、本当の意味でおもてなしとは言えないと思います。どんどんお客様がおバカさんになっていくサービスではこれからの社会は明るくなっていきません。

今の日本に圧倒的に欠けていると僕が感じるのは「教育」です。それも子どもたちのお勉強のことではなく、老若男女すべての人に対する総合的な人間力を養う教育です。

ですから今の日本人に対して時に見手に委ねるだけでは不十分なこともあります。自分の魅力がわからないというのもその1つです。なにかを見ることにおいても「教育」が必要なのです。

たとえばあなたはなにを美しいと思いますか？　人のなにに美しさを見ますか？　どんな人をどんな理由で美しいと思いますか？　もしあなたが「肌の白さが美しい」だとか、

「目が大きくてぱっちりしていてまつ毛がびっしり生えていることが美しい」だとか「スタイルがよくて身体中にハリがあることが美しい」と見ているならば、非常にもったいない表層的な美しさを見ているにすぎないかもしれません。もちろん今あげた美しさも人としての美しさとして素晴らしいことです。ですがそれらは非常に人間の一部の特徴にすぎない分野です。そして現在の日本人の対人間に対する美的感覚は、その辺りをウロチョロしているように感じるのです。

そこで僕は、前述した「見手に委ねる」という考え方を逆手にとって、見る側の教育も同時にしてしまおうと思いました。

美塾の志は「『らしさが美しい』を文化に…。」です。

この言葉には実は2つの意味が込められています。

「あなたらしさが美しいのだから、どうぞ自分らしく輝いてください」

という表現する側に対してのメッセージと、

「その人らしさを美しいと
みんなで感じるようになりませんか？」

という見る側の啓蒙《けいもう》と、この2つの意味が込められているんです。

「肌の白さ」「目が大きくてぱっちりしていてまつ毛がびっしり生えている」「スタイルがよくて身体中にハリがある」というような、ほとんどの女性の自信を奪うような、ほとんどの女性が手に入れられないようなものに美を掲げることに一体なんの意味があるのでしょう？

今こそ、現実取得可能な美しさ。それも人間でなくては手に入れることができない、しかもただぼんやりと過ごしているだけでも得られない美しさ。それこそを美しいと思うべきなのではないでしょうか？

そしてそういった人のありのままの姿や、姿形だけでないところに美しさを見出す人は、美しさに対しての客ぶりが高いと言えるのではないでしょうか？　そしてそういったところを美しいと感じるあなたが美しいのだと思います。

Point

なにを美しいと思うかが、あなたの美しさを創る

31 出どころに感謝する

僕のお話にはところどころに師の名前や、教えてくれた仲間の名前が出てきているかと思います。これには理由が2つありまして。

- **出典を明らかにする**
- **出どころに感謝する**

これが人として、とても大切なのだと教えていただいたからです。

出典を明らかにするということは、これは書物に限らず知識やコミュニケーション、ありとあらゆるものに言えることなのですが、智恵というものは連綿と受け継がれていて、自分で思いつくことなんてほとんどない。

ありとあらゆるものから教えを受け取って、自分の意見を構築しているにすぎないのです。これも師匠の出口光先生から教えていただいたことです。

心理カウンセラー衛藤信之先生の教えにも必ず、禅のお坊さんや、ネイティブアメリカン、そして歴代の心理学者の名前が出てきます。「僕が思いついたんだけど」とは言いません。

人間が長い年月を費やして、生きるとはなにか？　どう生きていけばいいのか？　周りの大切な人のために、また未来の子どもたちのために、子孫のために、考えて言葉に残したり、弟子に伝えたり、あるいは芸術に込めたりして、今の私たちがいます。それらすべてを感じることができたら、感謝に溢れ、もっと謙虚に、それも自分を卑下することではなくもっと自分を大きく捉えながら頭を垂れる、そんな人になるのではないでしょうか？

さらには、出典を明らかにすることで、受け取った側の学びの続きを提供できることになります。たとえば、この本を読んで興味を持った方は、出口光先生の本を読んでみたり、会いに行ったり、衛藤信之先生の本を読んでみたり、講演を聴きに行ったりしてみることができます。

そしてこれは、なにも心理学や哲学のような高尚なものに限ることではありません。どんなに些細《ささい》なことでも、日常的なことでも言えるのです。たとえば自分のくしゃみだってお父さんにそっくりだったりしませんか？　インターネットで調べものをしていても、検索で出てきたすべての情報は、誰かが書いてくれたもので、ネット上にアップしてくれたものなのです。

「出典を明らかにする」ということは、自分のすべては誰かから受け継いだものだという自覚を持つことになるのです。

次に「出どころに感謝する」ですが、これも前述の河村慎吾さんから

「内田さんって出どころに感謝がないですよね」

と言われたことがきっかけです。こういうことをガツンと言ってくれる仲間は貴重です。

早速「出どころに感謝する」の出典を明らかにしました（笑）。

同じ時期にこういうことがありました。Aさんのご紹介でBさんと出逢いました。Bさんとすっかり意気投合してBさんと交流が深まり、さらにはお仕事の依頼も受けました。とても喜んでいたら、Aさんから電話がかかってきました。それもとてもお怒りの様子なのです。

「どうしてBさんとの間でそういう話が進んでいることを私に伝えてくれなかったのですか？」

と仰《おっしゃ》るのです。僕は当時、その重要性がわかっていなかったので、彼女のことを「嫉妬深い方なんだなぁ、気をつけよう」ぐらいにしか捉えていませんでした。本当に愚かな男です。

今では当時より少しだけ、この言葉の意味がわかります。繋がりはなくならない。お教室でもどの生徒様のご紹介でいらっしゃった方かをお控えして、その都度、ご紹介いただいた方に感謝をお伝えするようにしております。

これも完璧にできていない自分が情けないですが、努めることが一歩と思い、これからも取り組んでまいります。

・出典を明らかにする
・出どころに感謝する

そういった繋がりの中で生きていることを実感し続けることで、いつまでも謙虚でいられるし、いつまでも感謝が湧いてくる人間になれます。
そして、そんな人って美しいですよね。

Point

出どころに感謝することで、
すべてのことに感謝できる自分になる

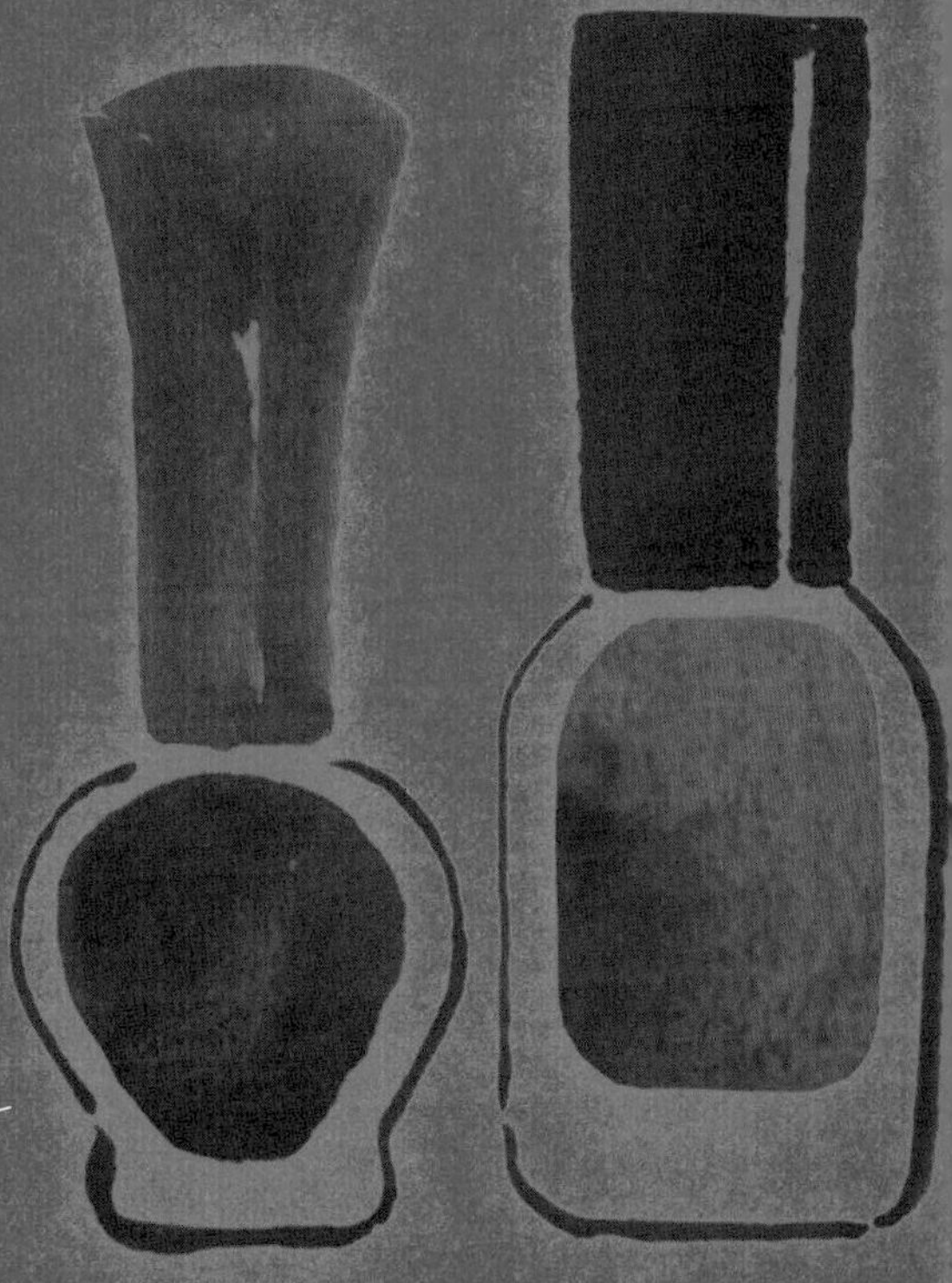

Part 6

「魅力」に生きると人生がどんどん美しくなる

32 「年は取りたくない」と思わなくなるには？

女性には持って生まれたコンプレックスの悩みと同じか、人によってはそれ以上の課題があります。

そして僕が女性の言葉で一番聞きたくない言葉があります。にもかかわらず多くの女性がこの言葉を平気で口に出します。

ですからこの言葉が、僕が美塾をやり続ける理由にもなっているわけなのです。

それは、

「年は取りたくない」

という言葉です。どうして聞きたくないかと言うと、僕がいくら努力してもどれだけ成長してもその願いを叶えてあげられないからです。そもそも、かつて人類が歴史上誰1人として、達成していないことです。よくそんなことを軽々しく口にできるなぁと思いま

す。前人未到の願いですから、

「100mを8秒で走りたい」

「手をバタバタさせて空を飛びたい」

と言ってるのと同じです。

ある日、こんなことがありました。

お教室で20代の女の子1人と、40代のご婦人がお2人、ご縁あって同じクラスになったのです。

最初の説明が終わって、

「ではメイクを落としてきましょう！」

という流れになりました。

すると、顔を洗ってきた20代の子がタオルで自分の顔を覆った状態で帰ってきたのです。

僕が、

「どうしたんですか？　恥ずかしいんですか？」

とお聞きすると、

女の子は、

「すっぴん、マジムリっす。

ムリっす。マジ勘弁っす」

と言うのです。

その言葉を聞いて、40代のご婦人2人にスイッチが入りました！

「あら！　若いのにそんなこと言っちゃダメよ～。ねぇ～？　今のうちからそんなこと言ってたら、これからもっと大変よ～!!　あなたでムリだったらわたしたちなんてどうしたらいいのよ？　ねぇ～!?　ね!?　そうですよね？　せんせい？」

と興奮気味に語る40代のご婦人に僕はこう伝えました。

「ホントにそうですよね！　もったいないですよね！　ではお聞きしますが、20代のとき、ご自分のお肌が好きで、このお肌で毎日を生きられることが嬉しい！って思いながら過ごす毎日でしたか？」

と質問をすると、ご婦人はきょとんとして

「……いいえ」

と答えました。

20代のときは、生まれ持った素肌や、思春期の肌荒れを嘆き、他の誰かを羨み、
40代のときは、失われつつあるハリや透明感を嘆き、若さ溢れる20代を羨み、
60代のときは、増えるシミやシワ、減り続ける水分量を惜しみつつ、
まだ女性らしさ満載だった40代を羨み、
80代のときは、上手に動いてくれない身体を嘆き、健康だった60代を羨み、
100歳くらいになって、やっと自分の特徴や現状に折り合いがつくのでしょうか？

僕はこう続けました。

「一体、いつ自分のお肌を好きになるんでしょうね？　いつ自分のお肌を認められる日がくるんでしょうね？」

ここで気付きがあったのは、むしろ40代のご婦人たちでした。そして40代のご婦人の気付いた姿や表情を見て、20代の女の子もまた、大きな気付きを得たようです。そう。どちらも悩む必要のない悩みなのかもしれないという気持ちになったのです。

他にもこういう質問をする方がいらっしゃいました。その方は50代くらいで気品のある華やかな奥様でした。

「先生、ちょっと質問なんですけど、実は私、昔から目尻が吊り上がってるのがコンプレックスで、それをずっと下げたい下げたいと思ってたんですけど、これが最近年とともに下がってきちゃったんですが、どうしたらいいですかねぇ？」

もはやコントです。

持って生まれたコンプレックスの悩みと、エイジングによる身体の変化がグラデーションで移行し、両方わざわざ悩んじゃっているわけです。もはやこちらの奥様は、本当はなにに悩んでいてどうなりたいのか？　自分でも訳がわからない状態なのではないでしょうか？

「昔から目尻が吊り上がってるのがコンプレックスで、それをずっと下げたい下げたいと思ってたんですけど、これが最近年とともに下がってきました。やっと夢が叶いました」

と言ってくださるならまだわかりますよ（それでももったいない度マックスですが！）。上がっているのがイヤだった目尻がだんだん下がってきて、それもイヤだなんて、一体何年何月何日のときの目尻の角度がよかったって言うんでしょうか。

そろそろ、その人類全員が経験する身体の変化、丸ごと受け入れませんか？　そして、そこを改善することに注力するのではなく、その変化を補って余りあるプラスを創りませんか？

自分の魅力を知ること、メイク技術、表情及び表情筋、所作や立ち居振る舞い、コミュニケーション、スキンシップ、愛、感謝……。

これらは生まれたときに0で、年を重ねるごとに、いくらでも上げていける分野なんです。つまりこの分野に興味を持つことで美に上限がなくなっていきます。

アンチエイジングは上手くいって現状維持です。
上限なしに積み重ねていく美を磨く生き方を**「リッチエイジング」**と言うと、パーソナルトレーナーの友人に教えていただきました。
ぜひとも「こんな1年なら積み重ねて行きたい！」と思える1年を過ごしませんか。それも「外見において」です。もしそれができたとき、年は取りたくないとは言わなくなると思います。むしろ来年のあなたが楽しみになると思います。人生においてだけでなく、外見においてもです。

やはりまずは興味を持つ対象を変えることです。

自分の魅力を知ること、メイク技術、表情及び表情筋、所作や立ち居振る舞い、コミュニケーション、スキンシップ、愛、感謝……。

これらはいくらでも高めていける分野のものです。

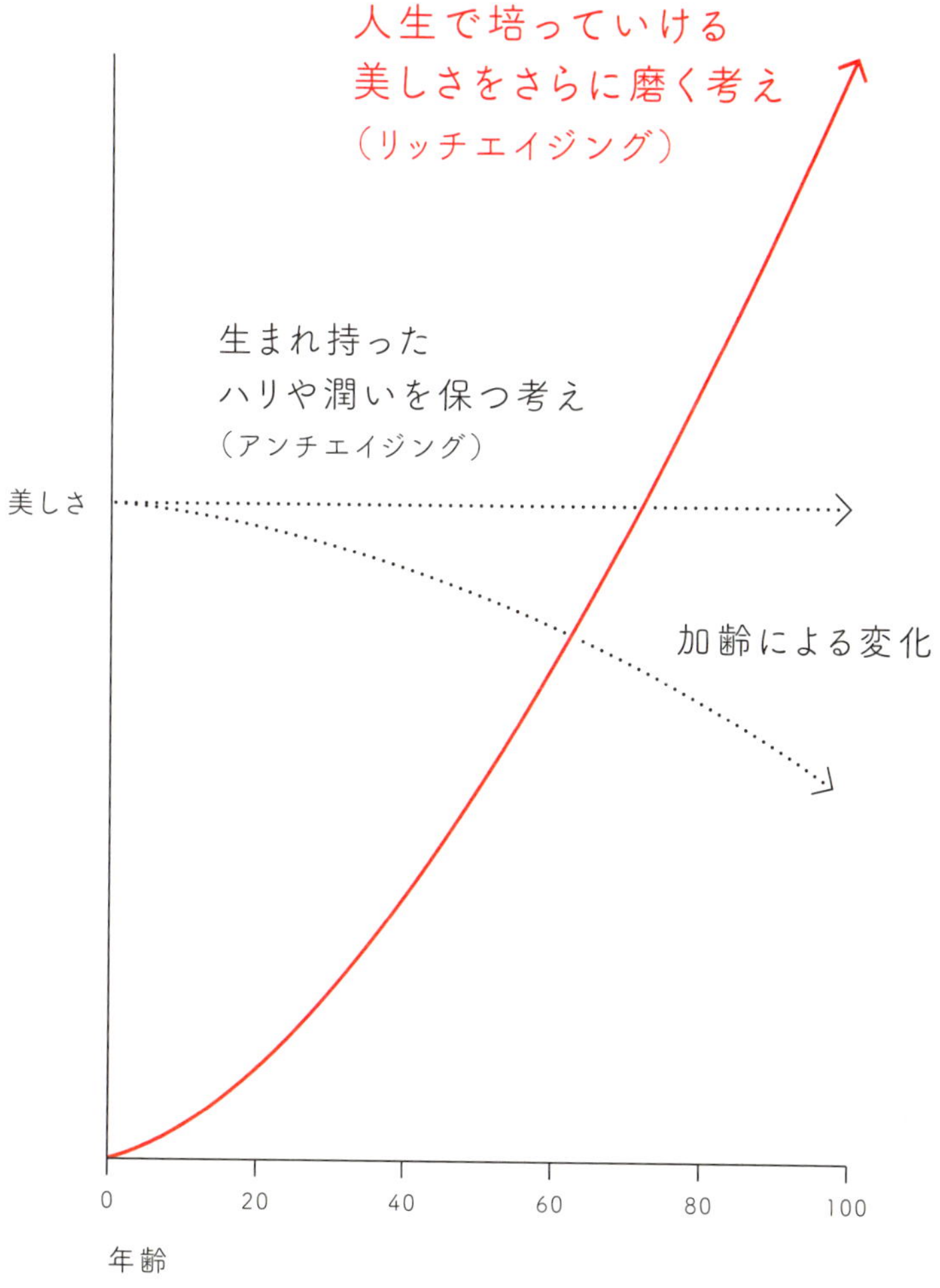
人生で培っていける
美しさをさらに磨く考え
（リッチエイジング）
生まれ持った
ハリや潤いを保つ考え
（アンチエイジング）
美しさ
加齢による変化
0
20
40
60
80
100
年齢

Point

こんな年なら重ねたいと思える1年を過ごす

33 50代からは、口説かれるより尊敬されよう

これからお伝えをする意見は、もしかしたら多くの方からのご批判をいただくかもしれません。ただ誰かを中傷しているわけでもございません。すべてはお読みいただく方の未来に光を照らしたい一心です。ですから誤解を恐れず、これからの女性のさらなる豊かさや幸福感に満ちた未来を創造するために、勇気を持って申し上げます。

僕は正直、50代の女性が30代に見られて喜んでいるのはいかがなものかと思います。なぜそれが嬉しいのでしょうか？　もちろん、表現としては嬉しいかもしれません。肌のハリがある。肌色に透明感がある。みずみずしさがある。そういう点では若く見られることは喜ばしいことかもしれません。ですが考えてみてください。ある意味、20年間を棒に

振っていることになりませんか？

僕は年を重ねないと、年月を費やさないと、決して手に入れることができない女性の美しさを知っています。

ですから、50代が30代に見られて喜んでいる姿を見ると「あぁ、知らないんだな」と思います（もちろん社交辞令で嬉しそうにしている賢い女性もいらっしゃるかと思います）。そしてそういう女性や、そもそも20代や30代の女性にばかり惹かれる男性を見ていても「あぁ、知らないんだな」と思います。女性のその領域の魅力を知っている人と、知らない人といると思います。

僕の知る、そんな姿の究極の体現者の1人だと思う方がオードリー・ヘプバーンさんです。

彼女は「ローマの休日」や「ティファニーで朝食を」という作品で有名な映画女優さんですが、晩年、ユニセフの親善大使となり、世界中の途上国を回り、慈善活動に励んでくださいました。炎天下の中であっても、恵まれない子どもたちを巡り続けたオードリーは、しわくちゃのしみだらけ。完全におばあちゃんです。

ではその頃の、子どもたちと嬉しそうに話すオードリーに、美白美容液を勧めることができるでしょうか？　しわに効果的なクリームを勧めることができるでしょうか？　僕にはとてもできません。そのオードリーでいい。いや、そのオードリーがいい。もし願いが叶うなら、僕は銀幕のスター時代のオードリーよりも、この晩年のオードリーと会いたいです。

会っていろいろな話を聞かせていただきたい。銀幕のスターである自分に固執せず、自分の美しさを守ろうとせず、炎天下、アフリカを回った境地を聞きたい。その愛に触れたい。少しでも受け継ぎたい。

そこで得られるものは、映画スター全盛期のオードリーと一夜限りのロマンスを過ごすことよりも、ずっとずっと遥かに僕の人生をより豊かにすると思うのです。

50代以降の女性の、年月を費やして得た美しさを見せられたとき、感じさせていただいたとき、圧倒的な愛と包み込まれる安心感で「男性がたとえどれだけ大きな事業を成しても、女性たちの足元にも及ばない」ことを実感します。生きるということの本質は、どう考えても女性に包まれ、女性に教えられ、女性の懐の中にあり、私たち男性はしょせん、その中ですべった転んだしているにすぎないのです。

女性は50代からは、男性に口説かれて喜ぶのではなく、男性に相談されて、弱音を吐かれることで、あるいは心底尊敬されることを喜びにしていただきたいものです。

Point
50代からは男性に口説かれるのではなく、
尊敬されて喜ぼう

34
世界を最短で変える方法

たまに、まったく美しくなるつもりがないかのように生きている女性がいらっしゃいます。照れもあるでしょうし、僕が想像もできないほどの心の痛みがあるのかもしれませんが、それでもとてももとてももったいないことだと思います。

実は、世界を変える最短の方法は、**自分の外見を変えること**なのです。なぜなら、世界はあなたの外見を見て関わってくるからです。

試しにホームレスのように、とても汚い格好をして街を歩いてみてください。世界は一気にマイナスに変化をします。あなたに対する関わり方をマイナスに変えてきます。できればそんなことがない世の中がいいのですが、今のところはそうなりそうですよね？ これは逆も真なりで、美しくなればなるほど、世界はあなたに対する関わり方をプラスに変えてきます。

この世界は思いっきり外見に比例して関わるということを、僕の実体験を通して証明いたしましょう。

僕は自分で言うのもなんですが、太ると残念なタイプの顔をしています。そして、ほとんどの方はご存じないかと思いますが、僕は昔、結構カッコよかったんです（笑）。しかも痩せたり太ったりが顔に出やすいのです。さらには、これも自分で言うなと言われそうですが、たくさんの出逢いのおかげで、性格は右肩あがりにプラスに変化していると思います。

性格は右肩あがり、外見は痩せたり太ったり。しかも太ると残念。この法則をしっかりと頭に入れておいてくださいね。

そんな僕は移動で電車に乗ることが多いのですが、電車って混《こ》んでるときがありますよね？　混んでると電車の揺れで隣の方に当たっちゃうときもあるじゃないですか？　そのときなんですけど、太っているときに女性とぶつかるとですね、なんともイヤそうな顔をするんですよ。「なによ？」みたいな感じで。それで僕「すみません……」って会釈して謝るんですね。なんか自分の存在が害みたいな雰囲気になって、自己否定感が激増するんです。ホントスミマセン……って気持ちになるんです。

一方、痩せているときはどうだったかと言いますと（もはや「どうだったか」という過去形でしか表現できませんが。涙）、ぶつかったらですね。その女性は「あ♫」って顔をして、なんだか悪くなさそうなんですね。むしろ「こちらこそごめんなさい♫」って雰囲気で女性のほうが会釈をしてくるんです。僕も調子に乗って、「ん？　別にいいよ♫」って感じの会釈になるんです。

これって正直、イケメンとモテない男性の違いとまったく一緒だと思うんです。僕は運よく、1回の人生でどちらも経験しているから知ることができたんです。

正直、あなたたちだって相当見た目で人を判断してますよね！（怒）

世界は美しい存在に恋をするんです。赤ちゃんに残酷な人はいません。子犬を見て微笑《ほほえ》まない人もほとんどいないでしょう。吉永小百合さんを雑に扱うタクシードライバーさんも想像がつきません。僕の友人で着ぐるみセラピーという活動をしている方がいるのですが「着ぐるみを着た途端、今まで経験をしたことがないくらい子どもたちが自分めがけて集まってくる」と言っていました。

そう、世界はあなたの外見に比例した関わりをしてくるのです。

世界は美しいあなたに恋をするのです。

世界が惚《ほ》れるような自分で、街に出ましょう！　世界を歩きましょう！

そこであなたは、世界がすでに美しかったんだということに気付くかもしれません。

Point

世界は美しいあなたに恋をする

35

美しいことは社会貢献

日本の美の歴史を繙《ひもと》くと、美しく賢く心優しい女性はたくさんいました。

ただ、おそらく戦後から現在にかけては、比較的美しさというものは、利己的なもの、自己実現的なものとして扱われてきたことのほうが多かったように思います。ですから心優しい方ほど、美しさに臆病《おくびょう》だったり、苦手意識があったり、むしろ抑えたりしてきた感覚をお持ちの方が多いように思います。

それには他にも多くの原因が考えられますが、僕はテレビや映画が大きく影響しているのではないかと思っています。テレビの発展により、芸能人という職業の人たちへの注目がますます増していき、一部の人にスポットライトが浴びせられ、そこに大衆が憧れを抱く、という構図が生まれたからだと思います。

つまり一握りの人だけが美しくて、それ以外の人はその一握りの人に憧れる、という構図です。

この構図で得たものは、日本人全体の美しさの底上げです。僕は世界中で最も「もっと美しくなろう」という姿勢の女性が多いのは日本人ではないかと思います。つまり、プラスに解釈すれば向上心を得たのです。

ですが一方、この構図で失ったものは自己肯定感だと思います。一部のスポットライトを浴びている人は美しくて、自分も含めたそれ以外の人は美しくない。つまりほとんどの人の心に「自分は足りていない」という自己否定感を生んだのではないでしょうか。

それがインターネットの登場によって、価値観はガラリと変わり始めています。個人とメディアに差がない時代が来たのです。一部の人にしかスポットライトが当たることはなかったのが、個人にも当たり始めてきました。もっと言えば、それぞれが注目するものも多様化してきたのです。

前人未到の、人類総受信&総発信時代が来たのです。人のために美しく生きる時代が来たのです。これまでは優しい人ほど、キレイになることに臆病でした。自らがスポットライトを浴びることは、極端に言えば誰かに当たっていたスポットライトを奪うことになっていたからです。でもこれからは違います。あなたがキレイになるということは、あなたに興味がある人にとっての喜びであり、まだ見ぬ誰かの喜びの源にもなりうるのです。それは、あなたがネット上で素敵なブログを書いている人と出逢ったり、インスタでめちゃくちゃ好みなセンスの画像をUPしている人を見つけることと同じ意味なのです。

自分をしっかり発信することで自分とぴったりの人と出逢う確率も格段に上がりました。そしてその人は、あなたのままに美しく輝くあなたを見ているだけで幸せになるのです。これって社会貢献じゃないですか？

そんな今だからこそ、遠慮なく美しくなっていただきたいのです。あなたのあなたらし

たくさんの人が同じ情報を
特定の誰かから受信

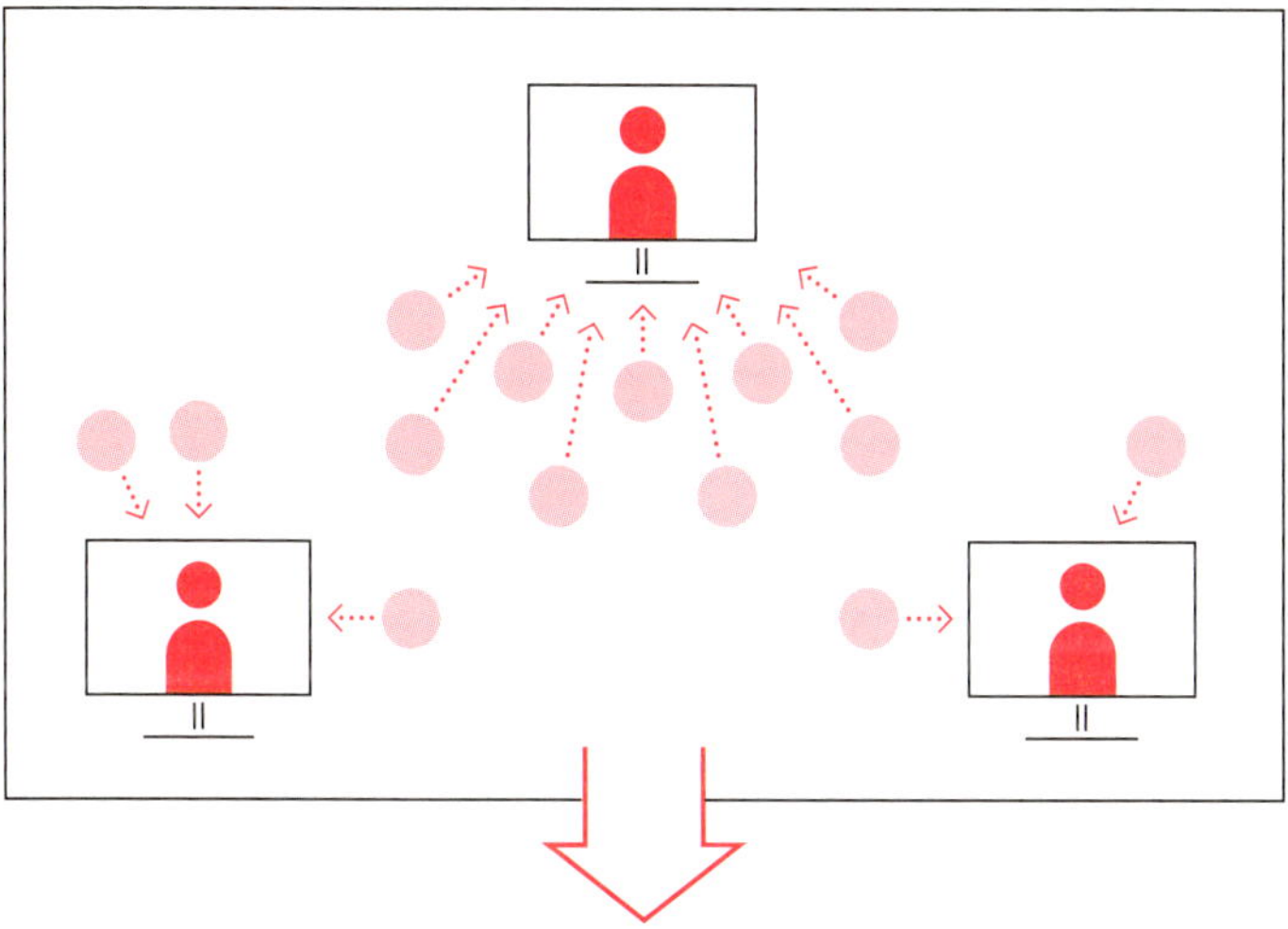

インターネット、SNSでお互いが
受信者であり発信者に

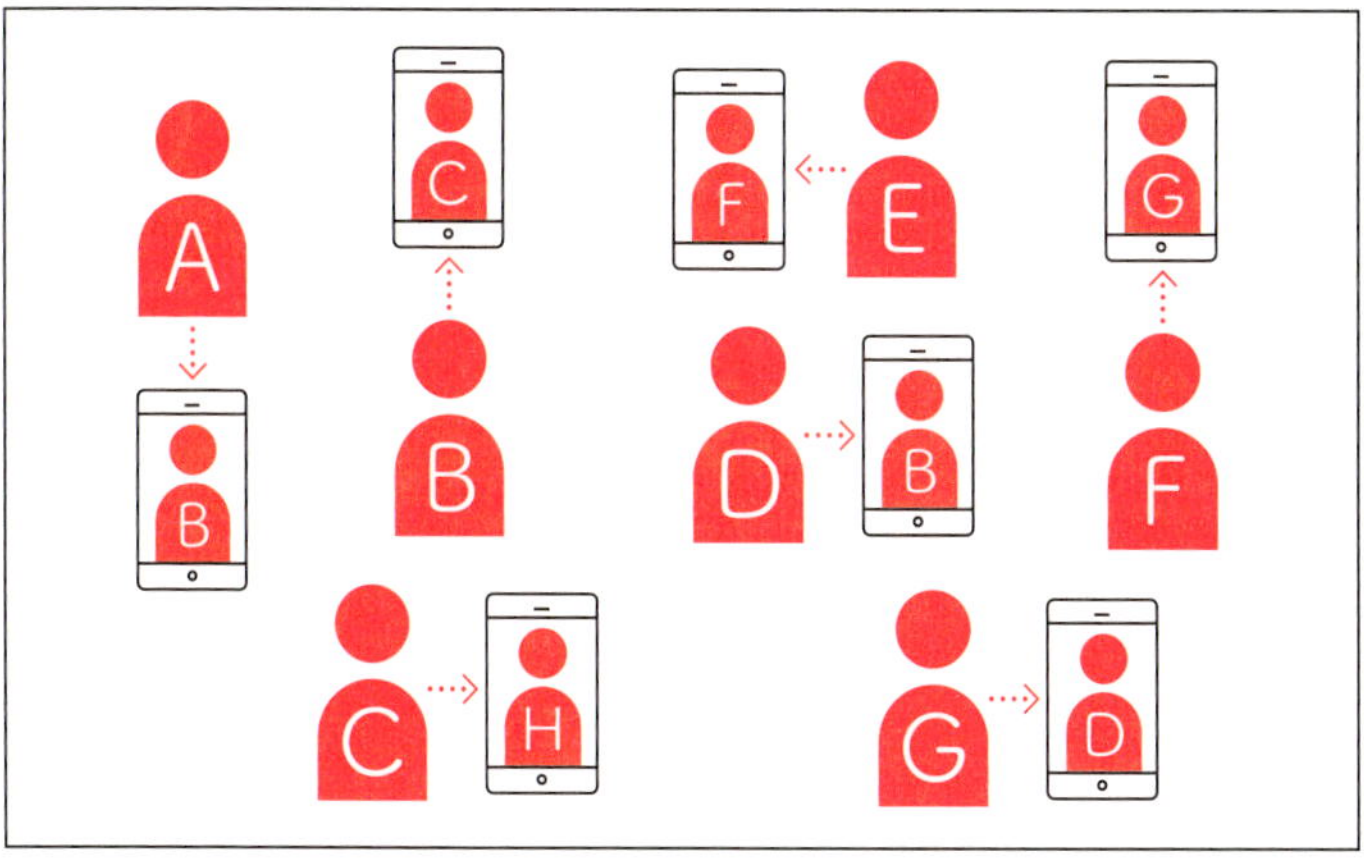

い輝きを待っている人がいます。

極端に言えば、この時代に自己表現0で、自分らしさ0では、誰のなんの価値にもならないかもしれないということなんです。それは見方を変えれば非常に自分勝手ということも言えます。あなたは自分勝手に生きたいですか？　人のために生きたいですか？　それならあなたらしく輝くことです。時代は変わったんです。

Point

人のために美しく生きる

36 子どもたちにメイクをしたときに見えた美しさ

名古屋でキッズプリンセスファッションショーという子ども向けのファッションショーがありました。そこでナチュラルメイクアップアーティストや上級修了生数名とともに、子どもたちにメイクをするブースを出しました。初めて公の場で人様にメイクをする、新人メイクさん。ましてや子どもたちということで、彼女たちはとても緊張していました。

僕は、

「子どもたちにとって、初めてのプロのメイクアップアーティストとの出逢いなんだから、彼女たちの魅力に浸って、彼女たちの魅力を存分に語りながらメイクをしてくださいね！

みんなの言葉が、いつか彼女たちが外見のことでいじめられたり、からかわれたりしたときの心の支えになりますから。

そのことがメイクのちょっとした仕上がり云々《うんぬん》より遥かに大切なことです」

と伝えました。

目が腫れぼったい子は、神秘的な目元でもあります。唇が厚い子は、グラマラスな口元でもあります。ですが同級生の男の子が

「目が開いてないぞ！　起きろよ！」

「唇厚いからアナゴさんじゃん！」

といいたずらに言った一言が、その子の人生を左右するということはよくあります。

もしそんな経験をする前に、初めてメイクをしてくれたメイクアップアーティストさんが
「あなたは神秘的な目元がとても魅力的よ」

「あなたのチャームポイントはグラマラスな口元ね」

と言ってくれていたらいかがでしょう？　その一言がきっとその子を、同級生の心ない言葉から守ってくれることでしょう。

新人メイクさんたちはその言葉で立ち位置が定まりました。

「よし！　メイクは不安だけど、魅力を伝えることはできる」

そんな気持ちで子どもたちを迎えました。


子どもたちはとっても可愛くて素直で、「目を閉じて」と言えばきゅっと目を閉じるし、「笑って」と言えばニッコリ笑います。仕上がりを鏡で見た瞬間に子どもから女に変わるのを何度も観ました。

彼女たちは生まれたときから女なんだと改めて確認させていただくと同時に、その気になった途端、女性は女性として完成すると思わせてくれた出来事でした。

そんな新人メイクさんの活躍を、カメラにおさめようと名古屋美塾の生徒様が駆けつけてくれました。

彼女はパシャパシャと彼女たちがメイクしている様子を撮影し、帰っていきました。

結局20名くらいでしょうか？　みんなでたくさんの女の子たちにメイクをさせていただき、その子たちがショーで堂々とウォーキングをする姿を最後まで見守り、無事イベントをやり遂げました。

それから後日、また名古屋で教室があり、ショーで写真を撮ってくれた彼女も来てくれていました。撮影したみんなのお写真を見せてくれながら、こんなことを語ってくれました。

「撮影をするときはいつもは多少加工するんだけど、このときの写真は全然加工しないでいいものばかりで、メイクをしているみんなの姿がとってもキレイで、加工したくなくて……」

と、涙を流しながら語ってくれたのです。そう語りながら見せてくれた写真の中では、新人メイクさんたちがとっても真摯《しんし》に目をキラキラさせて子どもたちのメイクをしていました。そして本当にとってもキレイでした。

そのとき僕は「人を今よりもっと美しくしようと一生懸命になっている姿は美しいんだ」という、単純だけど盲点だったことに気付かせていただきました。これは美しさに限らないと思います。人を幸せにしたい。人を喜ばせたい。人様のお役に立ちたい。人を助けたい。こういったことに一生懸命な姿は、それだけでその人たちをより美しく現すことでしょう。

Point

人を美しくしようとしている姿が美しい

37

認知症のおばあちゃんに気付かされたメイクの可能性

これまでボランティアでご紹介いただいた介護施設やデイサービスでメイクをさせてい

ただく機会が何度かありましたが、初めての施設訪問は僕にとって一生忘れられない出来事となりました。

そこでメイクの底知れない可能性に触れる機会があったのです。

それはとある、認知症の進んだ方ばかりが入所されている施設でのことでした。ご紹介者が「だいぶ認知の進んだ方ばかりなのでビックリされると思いますよ」とおっしゃるので、

「大丈夫ですよ！　お任せください！」

なんて軽々しく返事をしておりました。

施設に着くと「きえぇ――っ！」「え――んえ――ん」「ごめんなさい。こんにちは。ごめんなさい。こんにちは」とたくさんのおじいちゃんおばあちゃんの奇声とも言える声が響き渡る、そして歩き回るおじいちゃんを抱きとめる介護士さんや、おじいちゃんが投げた物を何度も拾い続ける介護士さんなど、想像を超えた景色が広がっていました。

僕はあっけにとられながら、案内されるままにテーブルに通されました。ここに1人ずつ利用者のおばあちゃんがいらっしゃるようです。

やはり介護士さんに手を取られてやってきた最初のおばあちゃんは
「あたしゃいいよ、あたしゃいいよ〜、ごめんなさい。ありがとうございます。あたしゃいいよ、あたしゃいいよ〜、ごめんなさい。ありがとうございます」

と繰り返しながら、両手で顔を遮っているおばあちゃんでした。

施設の方がおばあちゃんの手を押さえつけて
「それでは先生、どうぞ」

とおっしゃるので、嫌がるおばあちゃんに対し、半ば無理矢理メイクをさせていただきました。メイクをしている間も、

「あたしゃいいよ、あたしゃいいよ〜、ごめんなさい。ありがとうございます」

を繰り返しています。そんなおばあちゃんにメイクをさせていただきながら、

「こんなことするべきではなかった。僕は親切の押し売りをしてしまった。早く帰ろう」

と後悔をして、なるべく早くメイクを終わらせようと、キレイにしようという気持ちはどこかへ行ってしまい、メイクをしたという事実だけでも残そうと最低限のメイクを施して「できたよー。おばあちゃん、ありがとう」と伝えながら手鏡を見せました。

するとここで信じられない出来事が起こったのです。

先ほどまで、こちらがなにを言っても手をわしゃわしゃ振りながら、「あたしゃいいよ、あたしゃいいよ〜、ごめんなさい。ありがとうございます」とうつろな表情で繰り返し、まるで会話にならなかったおばあちゃんが、鏡を見せた途端、僕から手鏡をバッと奪い、自分の手で手鏡をしっかりと握り、自分の顔を見ながら、今までとはまったく違うハッキリとした口調でこう言ったのです。

「もっと口紅赤くしてください」

僕は一瞬、魔法の国に来てしまったのかと思うくらい、目の前の出来事が現実とは思えませんでした。あまりの出来事に気を取り直すヒマもなかったと思います。ただただ必死に改めて口紅の色を選びました。そして「この方も女性なんだ！　この方をキレイにして差し上げよう」と、やっと本気で思えたのです。

改めてメイクが仕上がり、再度おばあちゃんに鏡を見ていただくと、おばあちゃんは満足したのか、ふにゃふにゃと、先ほどまでの状態に戻り、「ごめんなさい。ありがとうございます」を繰り返すようになりました。ただ、先ほどよりも格段に表情が明るくなっていました。

このおばあちゃんにメイクの可能性を教えていただいた僕は、気を取り直して、時間が許す限りメイクをさせていただきました。13人のおばあちゃんにメイクをさせていただいた段階で時間切れとなり、施設を出て次の現場へ向かわなくてはいけなくなりました。

荷物をまとめて施設を後にすると、後ろから「また来てねー！ また来てねー！」と声がするので振り返ると、一番最初のおばあちゃんが、介護士さんに肩を抱かれて玄関までお見送りに来てくれていたのです！

そして泣きながら、顔をくしゃくしゃにしながら、「また来てねー！ また来てねー！」と手を振るのです。

僕は「またね――！ また来るよ――！」と大きく大きく手を振って、施設を後にしました。

僕の目にも涙がたまっていました。

実は、このおばあちゃんにはあれから会っていません。でもあれからずっと思っています。

このおばあちゃんに会えなくても、あの日以降、僕はなにかすることを選ぶたびに、決めるたびに、あのおばあちゃんにメイクをするより社会を幸せにする時間を生きようと思っています。

変なことをするくらいなら、中途半端なことするくらいだったら、あのおばあちゃんに会ってメイクをしたほうがよっぽどいいと思っています。

僕の夢はおばあちゃんにメイク教室をすることです。してもらうときだけ元気になるんじゃなくて、習った翌日から自分で自分を元気にできるようになる。そんなライフスタイルを提供したいって思っています。

Point
メイクはいくつになっても
女性であることを思い出させてくれる

38

化粧の歴史もそれを物語っている

ここではあえて化粧という言葉を使わせてください。

化粧の歴史を繙いてみると、なんと3200年も前から人類はメイクをしていたという記録が残っております。

化粧というものは、神と交信する者だけがすることを許された時代があります。また、魔除けに使われていたという歴史もあります。さらには階級を表わす時代もありました。

化粧というものにかなり大きな力があったことを、これらの歴史が示唆しているように思えてしかたがないのです。

もちろん材料が希少であったことも影響しているでしょうが、でもそうだとしたら、それだけの財を投じてでも化粧をする甲斐《かい》があったわけですから、なおさら価値や力があったことが推察されます。

さて、現代の化粧はどうなっているでしょう？　今では誰もが、なんの教育も受けないままに化粧をすることができます。コンビニでお化粧品が買える時代です。誰もが神様との交信グッズを手に入れられる時代とも言えませんか？　でもどうでしょう。現代の女性が化粧を手にしても、大きな力を得ているようには思えません。もしかしてこの現代はなにかしらの原因で、最も化粧の力が封印されてしまっている状態に陥ってしまっているのではないでしょうか？

そして前述のおばあちゃんを始め、女性の価値観が変わり、イキイキと幸せになっていく、そんな本書で書かれている様々な体験のほうが、化粧が本来持つ力から見たら、むしろ自然な姿なのではないでしょうか？

もしそれが本当で、そしてお化粧をする女性全員がその力を最大限に受け取ったら、美しさや幸せはおろか、精神統一だったり、瞑想《めいそう》だったり、さらには祈りだったり、お祓《はら》いだったり、場を清める儀式のように化粧を扱うようになるでしょう。そうなると女性全員がシスター状態、シャーマン状態、巫女《みこ》状態になると言っても過言ではありません。女性総巫女現象です。それも昔のように、出家をしたり、両親と今生の別れを済ませるなど、自らの人生を献上して行う儀式ではなく、日常生活を送っていながらにして、それもいかにも幸せそうな毎日の中でできうるのです。もし世界中の女性全員が、そんな想いで毎朝の化粧をしたら、この世界はどうなるでしょう。きっと思いがけないスピードで世界平和が実現するかもしれません。

たかが化粧でと思われるかもしれませんが、それだけのポテンシャルを秘めていることは、前述の認知症のおばあちゃんをはじめとした、この本に書かせていただいた体験や書ききれなかった体験と、なにより化粧の歴史も教えてくれています。

僕はそんな世界が見てみたいと思っていますし、できると思っています。そしてそうなれるほど、特に先進国の私たちは物心両面において豊かになったのです。

豊かさは、自らの欲求を満たすために得たのではないと思います。本当の人類の役割に気付くために、そして本当の豊かさや生きがいや幸福感を得るために、そしてそれを実行するために、私たちに与えられたのです。ですから、僕たちがまず気付き、行動しなくてはならないのです。

特に日本人女性は、その型を示すことができる、世界でも稀《まれ》な存在だと思っております。これからもっと女性のお化粧の質を高め、その意味を深めていきます。そして本人と社会をさらなる豊さへと導く朝の儀式。化粧を「粧道」へと進化させてまいります。

でも安心してください。これは少し未来の話です。すでに自分のことを心から認め、好きになることができ、周りからもステキな人だと評価され、毎日幸福感に満たされている女性に向けてのメッセージです。

あなたがまだその条件を満たしていないのであれば、あせることはありません。ここに書かれていることを日々、実行して、1日も早く自分を好きになって幸せを感じてくださいね。

また、すでにこれらの条件を満たしているあなたは、その恩恵をただ受け取って毎日を楽しく幸せに生きるだけでなく、さらに次のステップへと進みましょう。今度は周りの人を幸せにしようと行動するのです。

「周りの人が幸せでいられますよう」と意図を持ち、その実現の1つとして化粧を行っているんだと意識をして、毎朝の化粧をするだけで未来は違ってきます。あなたにはそれだけの力があります。

Point

現代に生きる女性は、日常生活を送りながら巫女さんになれる

39 愛と美に上限なし

僕はメイクセミナーやお教室で

「愛と美に上限なし」

という言葉をお伝えしております。

美にゴールってないですよね。美に100点満点ってないですよね。美に答えってないですよね。そうなんです。美には上限がないのです。それも、ただの姿形の美しさではありません。人間の美しさです。

外見、内面、所作、意識、あり方、歴史、生き様……。

それらを含む美しさです。

司馬遼太郎《しばりょうたろう》が『竜馬がゆく』（文春文庫）で

「美しいとはその分だけ神に近い存在ということだ」

と書いていました。

僕はこれを読んでドキッとさせられました。

「どうしてこんな大それたこと、司馬遼太郎さんは言い切っちゃってんの⁉」

と思いました。

でもその言葉を味わえば味わうほど、「本当にそうかもしれない……」とも、思えたんです。

また、美塾はこれから化粧を「道」にまで高めていこうと活動をしており、いずれ「粧道」として生涯学び続ける化粧文化を築いていこうとしております。

その一環として、美塾10周年イベントの際に、「型～演舞～」という、これから創り上げていこうとしている「お化粧の型」の土台になるような舞を、5人の美塾講師が披露させていただきました。その監修をしていただいたJun Amanto氏が、イメージ映像を制作するにあたり、こんな言葉をくださったのです。

「神は美しいか否か、ただそれだけ……」

やはり「美」と「神」との密接な関係を示す言葉でした。そしてこの関係性と前述の化粧の歴史とが組み合わさって、私たちがまだまるで気付いていない「美」や「化粧」のとんでもない可能性が広がっているような気がしてならないのです。

その可能性を考えたときに、「美」とは女性にとって、生涯大いに取り組む甲斐のある分野だと思えるほどの実感と、その想像をさらに超える可能性を感じるのです。美に関するお稽古《けいこ》を生涯の学びにすることは、女性にとってとても豊かなライフスタイルだと言えないでしょうか？

そして美塾の歴史はまだ11年です。ですから当然、最長でも美塾歴11年の女性しかいません。これが20年、30年となったときに、彼女たちがどれだけの輝きを放っているかを想像するとワクワクして仕方がないのです。

いや、正直に言うと想像できなくてワクワクするのです。おそらく彼女たちは、**亡くなるその日が一番美しい人生**を生きてくれることでしょう。

僕も含めて人類はまだまだ自分たちの持つ美しさの可能性に気付いていないと思います。

そして人間の美の定義自体もこれからもっともっと進化することでしょう。その一翼を僕も担いたいと思っております。

さて、一方で「愛」に関してはいかがでしょうか？

最初に「顔を愛するように触る」ということもお伝えしましたね。

実は、愛は無限で時空を超えると言われております。ちょっと試しに、なにもしないでいいので、意識だけでいいので、今からその場で**世界中の人を愛してみていただけないでしょうか？**

せーの、スタート！

〜世界中の人、愛し中〜

……

（その場で実際にやってみてくださいね）

……

はい！　オッケーです!!

愛しました？

今、世界中の人を愛しましたか？

スゴい!!　そこに座ったままで、一瞬で世界中の人を愛せたのですね。

おめでとうございます！
時空を超えましたね。

では、世界中の人を愛したら

疲れましたか？　休憩が必要ですか？

そんなことないですよね？

ちっとも疲れませんし、なにかが滞るわけでもないですよね。

つまり無限なんです。

愛は時空を超え、無限なんです。

スゴくないですか⁉

もちろん、程度の差はあります。集中できなかった方もいたかもしれません。「これでいいのかな？」と不安の人もいたかもしれません。今回の愛し方は1年後には「あれはできていなかった」と思うかもしれません。でも今の自分なりにはできましたよね。

それで十分なのです。素晴らしいです。あのとき、ベラルーシの少女が愛されたのです。チリのおっさんが愛されたのです。

それでね、質問なんですけど……、

「はい！　オッケーです!!」

で、世界中の人を愛するのを止めませんでした？

そしていつも通りの「基本誰のことも愛していない」状態に戻りませんでした？

どうして止めるのでしょうね？

時空は超えるし無限なのだから、世界中の人を愛し続けながらこの本を読んでもいいのに、止めてしまう。不思議ですよね。

僕たちはなぜか愛をケチります。おそらく愛したらなにかしら行動しなくてはいけないと思っているのも原因の1つではないかと思います。

ですがその必要はないのです。愛したからって別になにもしなくてかまわないのです。ただ愛するだけでいいのです。

「愛すること」と、「愛するからこそ取る行動」はまったく別のものなのです。

その後、どんな行動をするか、そもそも行動するかしないかですら、愛することとは別の話なんです。なにもせず、ただ愛すればいいのです。

それでは今から、できるだけずっと世界中の人を愛したまま、生活をしてみてください。

「え？　どうやってやるの？」と不安に思う人もいるかもしれません。でもできますよ。さっきもできたじゃないですか。あなたならできます。ここまで読んできたあなたですから、世界中の人を愛する準備はできています。**世界中の人を愛したまま、僕の本を読み進めてください。**

せーの、スタート！

そう。そのまま……。

できました？

オッケー！　ありがとうございます。

さぁ、いかがですか？　この文字が先ほどより気のせいか、キラキラして見えませんか？　この言葉が先ほどよりあなたににじわぁ～って入ってきませんか？　周りに人がいる方は、その方たちを見渡してみてください。1人で読んでいる方は、目を閉じて、たくさんの人を思い浮かべてみてください。いつもより親しみを感じませんか？　愛おしくないですか？　そして世界中の人を愛しながら生きるあなたは、我ながら美しくないですか？

そうなんです。あなたはかけがえのない素晴らしい素晴らしい存在なのです。その状態で生きていけたら、どうでしょうね？　イヤな人なんていなくなるんじゃないですか？　腹が立つこともほとんどなくなりそうです。やる気ももちろんみなぎりますが、それよりも「今ここ」に対する満足感、充足感、幸福感が全然違いますよね。

さらには、自分に対しても、自分の素顔に対しても、かけがえのない愛おしさを以前よりも感じませんか？

そして、ここで気付いていただきたいのですが、この感覚で生きるのにはそれ以外の条件が要らない、ということです。極端に言えば、もしずっと世界中の人を愛して生きることができたら、たとえお金が全然なくても、仕事が楽しくなくても、なんでも話せる友人がいなくても、縁起でもないですが、たとえ愛する家族が誰1人いなくなっても、すでにいないとしても、元々いないとしても（もちろん大きな悲しみはあるでしょうが）、この幸福感で生きていけるのです。もしあなたが今、なにかの理由で幸せでないとしたら、「では世界中の人を愛して生きてみませんか？」と提案したいのです。もし実行できたら、世界があなたに対する関わり方も変えてきます。あなたが世界中の人、あるいは世界中の万物すべてを愛して生きることができたら、世界はあなたを愛し始めるのです。

「あのぅ……。世界中の人を愛するってこれでいいんでしょうか？」
「あのぅ……。世界中の万物すべてを愛するなんてできる気がしないんですけど……」

と思いながら読んでいる方もいらっしゃるかもしれません。
ご安心ください！　そういう方は現状「愛する力」が低いだけです（あるいは「愛する力」

に対して、非常にコミットがある方かもしれません。愛を使命と思っている方は自らの愛に対するハードルも非常に高いのです。出口光著『天命の暗号』〔中経出版〕参照)。

「愛する力」は意識をすれば上げていけるものなのです。「愛する力」を上げるには、この本に書かれていることを実践すればいいのです。

「顔を愛するように触る」「残心」「真顔を笑顔にする」「世界中の人を愛して生きる」

そしてそれらを3ヶ月実践した後、もう一度この本を読んでみてください。あるいは、この章だけでもいいです。そして同じように「世界中の人を愛する」をやってみてください。必ず愛し方、愛するレベルが変わっていますから。

おそらく！　極端に言えば、あなたはこれまで、愛されるために頑張ってきたのではないでしょうか？　認められたい。褒められたい。必要とされたい。役に立ちたい。喜ばれたい。評価されたい。求められたい。友達になりたがられたい。尊敬されたい。愛する人と結ばれたい……。

そう、愛されたかったんですよね。


ここで視点を変えてみましょう。あなたはこれまでの人生で、どれだけの人を愛したのでしょうか？（まだ世界中の人を愛したまま、読み進めてくださいね）

いかがでしょう？　あなたは人生でいつ誰を愛しましたか？

昨日、誰と誰と誰をそのくらい愛しましたか？

もしかしたら、日常そんなに愛していないんじゃないですか？

だとしたらこれはとってももったいないことです。

もっと愛してみてください。だからってなにもしなくていいですよ。自分がすべてを抱えなさいという話ではないのです。むしろ逆です。あなたは、周りの方々に愛されるべき存在なのではなくて、あなたが周りの方々を愛すべき存在なのです。ですから、愛されようとするのではなく、愛そうとすればよかったのです。


キライな上司にイヤな仕事を頼まれたら、上司を愛しながら、嬉しそうに断ったっていいんです。残業したくなかったら、帰りたくなさそうに、まだみんなと一緒にいたそうに、みんなを愛しながら、定時で上がってください。

旦那さんや子どもたちが家のことを手伝ってくれなかったら、愛おしそうに笑顔で、旦那さんと子どもたちを愛しながら、「手伝って」と伝えてください。そこから関われば、頼むことも断ることもカンタンになってきます。

愛するということは、必ずしも「相手が望むことを、イヤな想いをしてまで自分がすること」を指すのではないのです。断ったっていいんです。もちろん、嬉しそうにすべてを引き受けてもかまいませんよ。ただし、どちらも相手を愛しながらです。

実は、愛せているという手応《てごた》えがあればあるほど、不要な行動が必要ないことも感じるようになっていきます。なにもせず、ただ愛してみてください。

愛は無限で、時空を超えます。

アルゼンチンの少女のことも愛せるし、プラハのおじさんのことも愛せるんです。もちろんケニアに咲く名もなき花のことも、福島の土のことも、芦屋川の岸に流れついたビニール袋のことも、満員電車だって愛せるのです。あなたには条件なしに、その力があるのです。

あなたは世界を愛せる存在だということです。

そして世界を愛しているあなたが、あなた史上最も美しいのではないでしょうか？

Point

なにもせず、ただ世界を愛そう

最後に…

これは以前、とある場所で1Day体験講座をさせていただいたときに、初めて受講されたビッキーちゃん（仮名）からいただいたメッセージです。

ビッキーちゃんは受講中に涙を流されました。そのときは、自分の魅力に気付けたことが嬉しかったんだろうな？くらいに受け止めていましたが、その涙の本当の理由を、僕はこのメッセージで知りました。

内田塾長さま

○月○日に△△での体験1Dayでお世話になりました、ビッキーちゃんと申します。突然ご迷惑かなぁと思いつつもやはりお伝えしたくてメッセージを送らせていただいております。お許しください。

あの日、私は泣き出してしまいご迷惑をおかけしてしまいましたが、あれは、幼少の頃のイジメの記憶が辛かったのでなく……

実は顔の触り方を教えていただいていたときから涙腺《るいせん》がとてもヤバかったんです。今まで38年間、社会に触れあってきた顔。時に肌荒れやニキビで体調不良を知らせてくれた肌。

その顔に不満を抱くことはあれど、大切に労《いたわ》ってきたことはありませんでした。

あの後1人で運転しながら帰宅途中も涙がポロポロ出てきて、セルフのガソリンスタンドで給油中も涙がとまらず、手元を誤り服と靴にガソリンこぼすくらいでした(笑)。

数日して、私は気付きました。今までは長きにわたり、私のことを傷つけておとしめて来たのがイジメっ子でも、家族でも、元カレでもなく私自身だったのだと。

長く深い闇でした。

今まではもし私が結婚して、子どもが生まれて、私にそっくりで、私と同様にいじめられたらかわいそうだと思い、結婚しませんでした。男性とお付き合いもしませんでした。飲み会には、母の結婚指輪を借りていき指にはめていき、男性から声をかけられないようにしていました。恋が始まるのが怖かったんです。
恋が始まっても、どうせ醜いから遊ばれると本気で思っていたからです。

というか、過去に男性に痛い目に遭わされてトラウマだったんです。

醜いから1人で生きていく宿命だと思ってました。愛し愛される自信がなく、結婚を約束していた人からも逃げ出してしまいました。

でも、闇から抜け出した今はもしこれから信頼できる男性に出会えたら、信じて向き合おうと思います!

自分で自分に、恋愛することを許可しようと思います。

今まで1人でもそこそこ不自由なくむしろ自由で幸せな日々だと思ってましたが、人生に起きる出来事を共有できる人がいたら、より幸せになれるんじゃないかという気がしてきました。

子どもの頃に大流行したＲＰＧゲームで、大魔王が光を遮断し、世界を夜の闇《やみ》で覆いつくしたけど、勇者が大魔王を倒して朝が来るっていうのがありました。ご存じでしょうか？　ドラクエ3です。

内田塾長さまは私にとって勇者です。

30年来の闇を切り裂いてくださいました。大魔王ゾーマは私自身で、闇のアレフガルドは私の心の中でした。マニア表現ですみません。本当にありがとうございます。

お読みいただき、心より感謝いたします。

僕はこれを読んで、なんて女性たちは、しなくてもいい悩みを抱えながら生きているんだろう。そして、たかがメイク体験を受けるだけで解けてしまう、呪縛《じゅばく》のような既成概念から1日でも早く、1人でも多くの女性を救い出したい！と、改めてそう強く思い直しました。

あなたは誰がなんと言おうと美しい、かけがえのない存在です。

それが本書を通してあなたに最も伝えたいことです。メイクなんて別に覚えなくていいのです。明日もあなたがあなたとして生きられることが嬉しいって思っていてほしい、ただそれだけです。

そう思えていない人があまりに多くて、これを書いている今も、いても立ってもいられないくらいです。

あなたがこの本を読み終えて、今、少しでも自分の価値を実感できていたり、自分の素顔を好きになれていたり、自分を好きになれそうだったり、人生が希望に溢れていたり、明日のメイクが楽しみだったりしていたら、こんなに嬉しいことはありません。

今改めて、自分の素顔に点数をつけるとしたら、何点になりそうですか？　鏡の前で、自分の顔を愛するように触りながら、さらには世界中を愛しながら点数をつけてみてください。はじめにつけた点数と変わりそうですか？

逆に、あなたがいまだにまったくそう思えていないとしても、僕はあなたの魅力に立場を取り切り、そこから一度たりとも降りません。

もしあなたが、その一重まぶたに悩み、アイプチをしていたとしても、僕はその一重まぶたを愛します。

もしあなたが、その眉毛が濃いことを悩み、たくさん抜いていたとしても、僕はその濃い眉毛を愛します。

もしあなたが、その肌が黒いことに悩み、美白しようとしていたとしても、僕はその肌色を愛します。

もしあなたが、そのエラを悩み、シェイディングで目立たなくしていたとしても、僕はそのエラを愛します。

もしあなたが、あなたであることを悩み、あなたであることを隠したり変えようとしていたとしても、僕はあなたがあなたであることを愛します。

たとえあなたがあなたの素顔を諦めても、たとえあなたのご両親があなたの素顔を諦めていたとしても、僕があなたとあなたの素顔を諦めません。

ただ受容しているということではないのです。この本に書かせていただいたようにすべての存在を愛せる理由が、僕にはあるのです。

僕はあなたが本来生まれ持ったあなたの素顔を、あなたの魅力を一生承認し続けます。

あなたがもし、まだ自分の素顔を肯定できないとしても、この地球上で誰か1人でも確実に、あなたの存在そのものを承認している人がいるということ。せめてそれだけでも、受け取ってもらいたいです。

- 自分の素顔が好き
- 誰が見てもステキな女性
- 生きがいがあって日々が充実している

この3つを手に入れ、自分がかけがえのない、美しい唯一無二の存在なんだと自覚できている方、あるいは本書で（程度の差はあるとして）自覚できた方。その思想に行き着いたこと。本当におめでとうございます。そしてありがとうございます。目の前に広がる景色は、それはそれは素晴らしいことでしょう。

この本でそんな気持ちに、そんな価値観になれた方は、ぜひ僕に会いに来てください。

僕はきっとめちゃくちゃ喜んで、あなたに抱きつくでしょう。そしてそこからは仲間です。一緒になってもっともっと人生の素晴らしさを味わいましょう！

なぜならですね。これがゴールではないのです。

女性は「自分らしさ」に気付いてからが楽しいのです。この3つを手に入れてからが一段と素晴らしいのです。とんでもないのです。

そこが**強烈に最高なスタートライン**だったんです。

そこから、家族や友人など、周りの大切な人々も一緒にどんどん輝きを増していきます。

人間関係の深さをもっと実感する、そんな人と人との繋がりをさらに体感します。

自分の内に眠ったそれはそれは尊い使命に触れる機会を得ることでしょう。

いても立ってもいられない究極の役割に出逢うことでしょう。

初めて会った人が、あなたの美しさに涙する日が来ます。

夕焼けという芸術を心底美しいと感じる日が来ます。

これまで「小さい」と思っていた自分の目の前の役割から、宇宙に貢献している手応えを感じられるようになることでしょう。

自分は誰か？　人生の目的はなにか？という問いに、言葉を超えた答えを持つでしょう。

そんな自分を生きられていることに、深い喜びと感謝が毎日毎日、自分の内側から滲《にじ》み出てくることでしょう。


そんな人生があるんです。そして望めば誰もが全員手に入れられるんです。

僕は1日でも早く1人でも多くの女性がその素晴らしさに触れて、1分1秒がかけがえのない時間で喜びと幸福感に満ち溢れている、そんな人生を生きてもらいたいです。


つくづく思います。


人生は素晴らしい。そしてあなたは美しい。

おそらく今あなたが思っているよりも、もっと、もっと。

ここまで読んでくださってありがとうございます。

あなたのことが大好きです。

あなたがあなたでいてくれて僕は本当に幸せです。

ずっとずっとずっと、そう思っています。

僕はあなたを愛しています。

ありがとう。

内田裕士

内田裕士　Hiroshi Uchida

美塾塾長

一般女性向けのメイク教室「美塾」創始者。過去に類を見ない、圧倒的にシンプルな独自のメイク技法と、哲学博士と心理カウンセラーに師事していることから生まれた、心理学的側面や和の精神を取り入れたドラマティックな授業内容は、上達すればするほどメイクの量も手数も減るだけでなく、自分の素顔が好きになっていくという従来のメイクとは真逆の進化を遂げ、さらには「自分のメイク道具でできる、受講生全員が習得できる！」と口コミが広がる。

授業中に涙を流す生徒様も多く、生徒様から頂戴した「美塾に通うと人生が美しくなる」という感想が、美塾の社会的役割や女性に対する存在意義を物語っている。11年目の現在、全国26拠点、講師30名。延べ生徒様5,518名と日本最大級。現在ではメイク教室にとどまらず、個性認識学講座、1%プレゼン塾、塾塾、LOVE革命通信講座と活動は多岐にわたる。またソフトバンクアカデミアの外部1期生として、孫正義校長から直々にリーダーシップを学ぶ傍ら、人の幸せの専門家になるべく、さらに研鑽を続けている。

1978年生まれ、つくば市出身。嶋田ちあきメイクアップアカデミー卒業、個性認識学認定講師、日本メンタルヘルス協会公認カウンセラー。

志は「『らしさが美しい』を文化に…。」

［美塾ホームページ］ http://bi-juku.jp

毎朝、自分の顔が好きになる

2016年8月31日　第1刷発行

著　者　　内田裕士

発行者　　太田　宏

発行所　　フォレスト出版株式会社

〒162-0824　東京都新宿区揚場町2-18　白宝ビル5F

電話　03-5229-5750（営業）

03-5229-5757（編集）

URL　http://www.forestpub.co.jp

印刷・製本　日経印刷株式会社

ISBN 978-4-89451-726-4　Printed in Japan

乱丁・落丁本はお取り替えいたします。

『毎朝、自分の顔が好きになる』

内田裕士氏の初の出版を記念して、このチラシをご覧のみなさまに

無料3大プレゼント！

1 魅力のお手紙

美塾の講師があなたの魅力を判定、
コメントつきでお返事いたします。

2 LOVE革命スペシャル動画

「彼氏ができた！」「結婚が決まった！」内田氏に
よる人気恋愛講座の動画を特別に配信します。

3 魅力マトリックスのトリセツ動画

本書で紹介している魅力マトリックスをより深く
理解できる内田氏による解説動画です。

（3のみ書籍購入者限定のプレゼントです！）

この無料プレゼントを入手するには
コチラへアクセスしてください

http://frstp.jp/makeup

※動画は、WEB上で公開するものであり、
CD・DVDなどをお送りするものではありません。

※上記無料プレゼントのご提供は予告なく終了となる
場合がございます。あらかじめご了承ください。